Exercise Book In Spanish: A Drill And Exercise Book On The Subjunctive, Idioms, Pronouns, And Irregular Verbs

Lawrence Augustus Wilkins, Hymen Alpern

Nabu Public Domain Reprints:

You are holding a reproduction of an original work published before 1923 that is in the public domain in the United States of America, and possibly other countries. You may freely copy and distribute this work as no entity (individual or corporate) has a copyright on the body of the work. This book may contain prior copyright references, and library stamps (as most of these works were scanned from library copies). These have been scanned and retained as part of the historical artifact.

This book may have occasional imperfections such as missing or blurred pages, poor pictures, errant marks, etc. that were either part of the original artifact, or were introduced by the scanning process. We believe this work is culturally important, and despite the imperfections, have elected to bring it back into print as part of our continuing commitment to the preservation of printed works worldwide. We appreciate your understanding of the imperfections in the preservation process, and hope you enjoy this valuable book.

EXERCISE BOOK IN SPANISH

A DRILL AND EXERCISE BOOK ON

THE SUBJUNCTIVE, IDIOMS, PRONOUNS, AND IRREGULAR VERBS

BY

LAWRENCE A. WILKINS
DIRECTOR OF MODERN LANGUAGES IN THE HIGH SCHOOLS
OF NEW YORK CITY

AND

HYMEN ALPERN
INSTRUCTOR IN SPANISH, STUYVESANT HIGH SCHOOL,
NEW YORK CITY

NEW YORK
GLOBE BOOK COMPANY

HARVARD COLLEGE LIBRARY
BY EXCHANGE
July 18, 1941

COPYRIGHT, 1921
GLOBE BOOK COMPANY

PREFACE

Teachers of experience realize that the factors of success in mastering the Spanish language reside in constant repetition and **much drill**, rather than in a preponderance of theory and explanation. The purpose of this small book is to furnish carefully prepared exercises that provide a varied review of the basic facts of the Spanish language. It is generally conceded that the chief difficulties peculiar to Spanish are (1) irregular verbs, (2) pronouns, (3) uses of the subjunctive mode, and (4) idioms. In this *Exercise Book in Spanish*, the authors aim to aid the student to master these fundamentals through abundant practice.

Section A of each verb contains the forms of that verb which are irregular in any respect, that is, which differ in any way from the forms of the normal **-ar, -er,** or **-ir** verbs. This is for reference and study.

Section B contains Spanish sentences in which are found blank spaces to be filled with a suitable form of the verb in question. These sentences, in many cases, contain idioms into which the verb enters.

Section C is a drill in translation into Spanish of short English sentences or phrases involving the use of both regular and irregular forms of the verb.

Section D requires the translation into Spanish of complete English sentences. In this exercise drill is given chiefly on idioms based on the verb in question, and on uses of the subjunctive, present or imperfect, of that verb.

Section E gives directions for writing original Spanish sentences in which are to be employed the irregular forms of the verb. This is, of course, an optional exercise. The teacher may indicate the number of such sentences to be composed by the student.

While this book is intended primarily for the upper grades, the needs of the elementary students have not been neglected. The teacher himself must be the judge in taking that which is most needed and omitting other parts whenever advisable. On the other hand, parts of the book may profitably be repeated twice or even three times.

The exercises should be carefully prepared in writing, so that the students may correct all errors on their own papers.

We here express our thanks to Mr. Juan Marín for aid generously given in the reading of proof and in suggestions given in various matters connected with the text of this volume.

L. A. W.
H. A.

NEW YORK, March, 1921.

CONTENTS

	PÁGINA
A. Pronombres.	7
1. Pronombres personales.	7
2. Los adjetivos y pronombres posesivos.	9
3. Los adjetivos y pronombres demostrativos.	9
B. El Modo Subjuntivo	11
1. Formas.	11
2. Usos.	12
C. Verbos irregulares.	14
andar, caber, caer, dar, decir, estar, haber, hacer, ir, oír, poder, poner, querer, saber, salir, ser, tener, traducir, traer, valer, venir, ver.	14
D. Verbos que cambian la vocal del radical.	51
cerrar, contar, dormir, jugar, pedir, perder, sentir, volver.	51
E. Verbos que tienen cambios ortográficos.	63
averiguar, buscar, coger, distinguir, pagar, rezar, vencer.	63
F. Verbos misceláneos.	74
bullir, conocer, construir, continuar, enviar, gruñir, leer.	74
Glossary of verbs and idioms.	85

oracion - prayer, sentence, speech
pronombre - pronoun
ama - he/she loves
nombre - name, noun, reputation

EXERCISE BOOK IN SPANISH

A. PRONOMBRES

I. USO DE LOS PRONOMBRES PERSONALES

A. *Vuélvanse a escribir las siguientes oraciones empleándose un pronombre en lugar de cada nombre de la oración original:*

(Return to write following to use in place of each name in the sentence, original)

1. Compro **el libro**. — lo compro
2. Veo **al hombre**. — lo veo
3. Ama **a sus amigos**. — los ama
4. Hablaré **al señor**. — lo hablaré
5. Hablaron **a las mujeres**. — las hablaron
6. Vd. respondió **a los niños**. — os respondió
7. Diga Vd. **la palabra**. — la diga
8. No lea Vd. **el libro**. — No lo lea
9. Ella me da **la pluma**. — Ella me la da
10. Nos darán **los libros**. — Nos los darán
11. Doy **el dinero** al niño. — le Doy el dinero
12. Dije **la verdad** a la señora. — la dije la verdad
13. Pido **el papel** al profesor. — lo pido el papel
14. No dé Vd. **los lápices** al niño. — no lo los dé
15. Quiero dar **las plumas** a mi tía. — El está la lo dando
16. Él está dando **la flor** a su primo.
17. Entré en **la sala**. — la Entre
18. Me olvido de **los libros**. — me los olvido
19. Yo pensaba en **mis amigos**. — Yo les pensaba
20. Esto es para **las alumnas**. — Esto les es

EXERCISE BOOK IN SPANISH

B. *Tradúzcanse al español las oraciones que siguen:*

1. You have it (*m.*). Lo tiene
2. They believe us. No creemos
3. She has seen them (*m.*). Los visto
4. Do you wish to speak to me? Desea me hablar?
5. Would you have spoken to him? habia lo hablado
6. Without seeing us. Sin nos ve
7. She is saying it (*f.*) to him. la dice
8. She has given them (*f.*) to us. nos las
9. Did you say it (*m.*) to them? lo dijo a ellos?
10. They gave them (*f.*) to them (*f.*). Les dieron a ellas
11. He will give them (*m.*) to them (*m.*). Les dará a ellos
12. They asked me for it (*f.*).
13. Give (*pol. sing.*) them (*m.*) to me.
14. Don't give (*pol. sing.*) it (*f.*) to him.
15. Tell it to her.
16. After taking it (*m.*) he gave it to me. Despues lo lleva melo da
17. The book is for me, not for her. el libro es para mí, no es para ella
18. He is thinking of us. piensa de nosotros
19. We went with them (*f.*). fuimos con ellas
20. He lives with me. vive con mio

C. *Continúense las siguientes expresiones en todas las personas, singular y plural:*

a. Me lo da a mí.
b. Me las dijeron a mí.
c. Dígamelo Vd. a mí.
d. No me la pida Vd. a mí.
e. No me los darán a mí.
f. Me engaño a mí mismo.
g. Al decírmelo a mí.
h. Dándomela a mí.
i. Se me dice.
j. Se me figura.
k. Se me ocurrió.
l. Se me antojaba.

a. Nos lo da a nos

II. LOS ADJETIVOS Y PRONOMBRES POSESIVOS

A. *Reemplácense las palabras inglesas de las siguientes frases con las debidas palabras españolas:*

1. **Our** casa. *nuestra casa* (proper)
2. **His** perro. *Su perro*
3. El libro es **mine**. *mío*
4. Una amiga **of hers**. *de ella*
5. **Your** (*fam. sing.*) tío. *Tu*
6. **Their** carta. *Su carta*
7. **Your** (*pol. sing.*) libro. *Tu libro*
8. **Your** (*pol. pl.*) silla. *su silla*
9. **Your** (*fam. pl.*) primo. *Os primo*
10. Un amigo **of his**. *de él*

B. *Pónganse en plural todas las frases formadas en la sección A.*

C. *Reemplácese cada una de las siguientes frases con una palabra, es decir, con un pronombre posesivo:*

1. Mi pluma.
2. Su caballo (de ella).
3. Nuestros padres.
4. Tus amigos.
5. Sus sillas (de Vd.)
6. Nuestras madres.
7. Su prima (de Vds.).
8. Vuestro padre.
9. Mis libros.
10. Vuestra hermana.
11. Su amiga (de ellas).
12. Tu lección.
13. Nuestro caballo.
14. Mi dinero.
15. Tus plumas.
16. Tu papel.
17. Vuestras flores.
18. Sus lápices (de él).
19. Vuestros cuadernos.
20. Su diccionario (de ellos)

III. LOS ADJETIVOS Y PRONOMBRES DEMOSTRATIVOS

A. *Reemplácense las palabras inglesas de las siguientes frases con las debidas palabras españolas:*

1. **This** casa.
2. **That** (*near you*) libro.
3. **Those** (*yonder*) árboles.
4. **These** plumas.

5. **This** cuadro.
6. **Those** (*near you*) lápices.
7. **That** (*near you*) tiza.
8. **That** (*yonder*) automóvil.
9. **These** ferrocarriles.
10. **Those** (*yonder*) calles.
11. **Those** (*near you*) rosas.
12. **That** (*yonder*) ciudad.

B. *Reemplácese cada una de las siguientes frases con una palabra, es decir, con un pronombre demostrativo:*

1. Esa región.
2. Aquel rey.
3. Estos renglones.
4. Aquellas frutas.
5. Esas lecciones.
6. Aquella iglesia.
7. Esta niña.
8. Ese pájaro.
9. Aquellos hombres.
10. Estas manzanas.
11. Esos jóvenes.
12. Este trabajo.
13. Lo que yo digo.
14. Lo que Vd. dice.
15. Lo que él dijo.

C. *Reemplácense las palabras inglesas con las debidas palabras españolas:*

1. Esta ventana y **that one** (*near you*).
2. Aquel río y **this one**.
3. Ese caballo y **that one** (*yonder*).
4. Aquellas avenidas y **these**.
5. Este periódico y **that one** (*near you*).
6. Aquella carta y **this one**.
7. Esos señores y **these**.
8. Estos muchachos y **those** (*yonder*).
9. Aquellos cuadros y **those** (*near you*).
10. Esa silla y **that one** (*yonder*).
11. Esas puertas y **those** (*yonder*).
12. Estas naranjas y **those** (*near you*).
13. Esto y **that** (*which you said*).
14. Esto y **that** (*which he said*).

B. EL MODO SUBJUNTIVO

A. *Escríbase la primera persona singular del presente de subjuntivo de los verbos que siguen:*

1. hablar.
2. aprender.
3. escribir.
4. conocer.
5. caber.
6. decir.
7. dormir.
8. hacer.
9. ir.
10. jugar.
11. continuar.
12. oír.
13. oler.
14. pedir.
15. gozar.
16. seguir.
17. poner.
18. querer.
19. saber.
20. salir.
21. sentarse.
22. tener.
23. traducir.
24. valer.
25. venir.
26. ver.
27. acercarse.

B. *Escríbase la primera persona plural del imperfecto de subjuntivo de los verbos que siguen, empleando la forma en r (o s):*

1. estudiar.
2. vender.
3. vivir.
4. andar.
5. leer.
6. concluir.
7. dar.
8. decir.
9. dormir.
10. hacer.
11. ser.
12. morir.
13. oír.
14. pedir.
15. poner.
16. querer.
17. saber.
18. seguir.
19. sentir.
20. tener.
21. reír.
22. traducir.
23. traer.
24. venir.
25. dirigir.
26. gruñir.
27. estar.
28. poder.
29. divertirse.
30. escabullir.

C. *Exprésense en forma negativa las siguientes órdenes:*

1. Hágalo Vd.
2. Háblenle Vds. a él.
3. Váyase Vd.
4. Siéntense Vds.
5. Sentémonos.
6. Déselo Vd. a ellos.
7. Escríbamela Vd.
8. Digámoselo a ella.
9. Cómelo (tú).
10. Dádmelo (vosotros).

D. *Póngase la forma debida del verbo subordinado en las siguientes oraciones:*
 1. Quiero que ellos **venir**.
 2. Él teme que yo **hacer** eso.
 3. Busco un hombre que **ser** rico.
 4. No iré aunque **ir** Vd.
 5. Estaré aquí cuando él **llegar**.
 6. Se alegrará de que yo lo **decir**.
 7. Él quería que yo le **hablar**.
 8. Temió que ella **venir**.
 9. Yo lo creería si Vd. lo **decir**.
 10. Buscaba un criado que **poder** hacerlo.
 11. Ella pediría que él se lo **dar**.
 12. Si él lo **haber** tenido me lo **haber** dado.

E. *Exprésense en forma afirmativa las siguientes órdenes:*
 1. No lo crea Vd.
 2. No les den Vds. el libro.
 3. No nos levantemos.
 4. No se acueste Vd.
 5. No se lo demos a ellos.
 6. No se los pida Vd. a ellas.
 7. No me lo lean Vds.
 8. No te levantes.
 9. No lo escribáis.
 10. Que Jorge no lo haga.
 11. No se acerque Vd.
 12. No nos las prometan Vds.

F. *Substituya Vd. cada expresión inglesa de las oraciones que siguen por la expresión adecuada castellana:*
 1. Él deseaba **me to write**.
 2. Dudo que **is** verdad.
 3. Me alegro de que Vd. **have come**.
 4. Cuando él **comes** déselo.
 5. Es posible que él **is** aquí.
 6. Iría a Europa si yo **had** dinero.
 7. Dígale Vd. **to see me**.

8. **Write us,** hijo, y no **forget** los regalos.
9. Fué necesario que nosotros lo **buy**.
10. No creemos que Vd. **will find it.**
11. Quienquiera que **is** hambre **let him come.**
12. Le dije a fin de que él lo **know.**

G. *Tradúzcanse al español las siguientes oraciones:*
1. Tell (*pol. sing.*) it (*m.*) to us.
2. Don't give (*pol. sing.*) it (*f.*) to him.
3. Ask (*pol. pl.*) for it.
4. Tell him to come.
5. Let us give it to him.
6. Sit down (*pol. sing.*).
7. Sit down (*fam. sing.*).
8. Do you want me to go?
9. I shall write him to send it to me.
10. They are sorry that he is ill.
11. I doubt his being rich.
12. He wants a man that speaks Spanish.
13. She had asked me to come.
14. I don't believe he will see me.
15. Would they want us to speak?
16. You feared he would do it.
17. They would speak to him if they knew him.
18. I opened the door that he might enter.
19. If I had seen you I would have spoken to you.
20. It will be necessary for them to learn it (*f.*).
21. I said I would be there when he came.
22. Get up (*pol. pl.*) before she comes.
23. I deny that he has read the letter.
24. She would not find him even though she should look for him.
25. If you had time why did you not do it?

C. VERBOS IRREGULARES

ANDAR

A. *Estúdiense las formas irregulares del verbo* **andar:**

Pretérito: **anduve, anduviste, anduvo, anduvimos, anduvisteis, anduvieron.**

Imperf. y Fut. de Subj.: **anduviese,** *etc.;* **anduviera,** *etc.;* **anduviere,** *etc.*

B. *Pónganse las formas debidas de* **andar** *en los espacios en blanco de las siguientes oraciones; después tradúzcase al inglés cada frase completa:*

1. Dime con quién —— y te diré quién eres.
2. Quien mal ——, mal acaba.
3. Esta máquina no quiere ——.
4. ¡ ——, pícaro! No me molestes.
5. Juan estaba —— por el parque.
6. Yo —— buscando a un amigo.
7. Ayer la señora —— a caza de gangas.
8. He —— toda la ciudad.
9. —— Vd. con cuidado.
10. Los enemigos —— a golpes.
11. No desearon que el mendigo —— a tientas.
12. Si los negocios —— bien, comprarían un automóvil.

C. *Tradúzcanse al español las siguientes frases:*

1. I don't walk with him.
2. They are walking with me.
3. He used to walk with us (*f.*).
4. I did walk with you (*fam. sing.*).
5. Did you walk with her?
6. They walked with them (*f.*).
7. Will John walk with you (*pol. pl.*)?

8. He cannot walk with you (*pol. sing.*).
9. Let him walk with us (*m.*).
10. Will you walk with me?

D. *Empleando una forma del verbo* **andar** *tradúzcanse al español las siguientes oraciones:*

1. I am afraid that my watch does not run well.
2. If you would walk with him he would not grope in the dark.
3. He wanted me to go in his coach.
4. I will buy it when business is better.
5. It is important for you to walk with me.
6. He told me to go about it carefully.
7. Do you know any one who is looking for a house?
8. He wants to buy a machine that runs well.
9. I asked him if he would walk with us.
10. I paid him in order that we might not come to blows.

E. *Fórmense frases originales en que figuren formas irregulares de* **andar**.

CABER

A. *Estúdiense las formas irregulares del verbo* **caber:**

Pres. de Indic.: **quepo.**

Pres. de Subj.: **quepa, quepas, quepa, quepamos, quepáis, quepan.**

Futuro y Condic.: **cabré,** *etc.;* **cabría,** *etc.*

Pretérito: **cupe, cupiste, cupo, cupimos, cupisteis, cupieron.**

B. *Póngase la forma debida de* **caber** *en las siguientes oraciones; después tradúzcase cada frase completa:*

1. No me —— duda de que tiene Vd. razón.
2. Ahora yo no — de gozo.

EXERCISE BOOK IN SPANISH

No —— tanta gente en el teatro antes de la reparación.
A Colón le —— en suerte descubrir a América.
Ellos, como tienen dinero, no —— en sí.
No creo que en la caja —— tantos artículos.
Cuando le vea, no —— de gozo.
Nos —— escuchar a los mayores.
Todo esto ——, si fuese más rico.
Honra y provecho no —— en un saco.
He crecido tanto que ya no —— en mis vestidos.
Vinieron tantos que muchos no —— en el edificio.
Si no —— duda de eso, yo no diré nada del asunto.
Nos —— hacer lo que él nos manda.

C. *Tradúzcanse al español las siguientes frases:*

There is no room for me.
Is there room for him?
Was there room for them?
There will be room for all.
He can't contain himself.
This would be fitting.
It will be fitting for us to say so.
How many books will fit into the box?
There would have been room for many more.
It falls to my lot to go.

Empleando una forma del verbo **caber** *tradúzcanse al español las siguientes oraciones:*

He did it so that you would not doubt that he is your friend.
I deny that the box holds so much.
Do you think that the room will hold two beds?
I was sorry that it fell to his lot to do it.
If it behooved me to do it, I would do it.

6. I hope there is room for these children.
7. There would be room for all of them if the room were a little larger.
8. I fear there is no room for him in the automobile.
9. When there is room for you, I shall tell you.
10. Though the box may fit into the desk, I shall not put it there.

E. *Fórmense frases originales en que figuren formas irregulares de* **caber.**

CAER

A. *Estúdiense las formas irregulares del verbo* **caer**:

GERUNDIO: **cayendo.**

PRES. DE INDIC.: **caigo.**

PRES. DE SUBJ.: **caiga, caigas, caiga, caigamos, caigáis, caigan.**

PRETÉRITO: **cayó; cayeron.**

IMPERF. Y FUT. DE SUBJ.: **cayese,** *etc.;* **cayera,** *etc.;* **cayere,** *etc.*

B. *Pónganse las formas debidas de* **caer** *en los espacios en blanco de las siguientes oraciones; después tradúzcanse al inglés cada frase:*

1. Le —— muy bien el uniforme.
2. Ahora yo —— en la cuenta.
3. Ella —— enferma ayer.
4. El jinete —— de espaldas.
5. Se le —— los dientes, si no consulta al dentista.
6. Hay que —— de rodillas ante un rey.
7. Si yo lo viese, —— muerto de miedo.
8. Tan cansado estaba que me —— de sueño.
9. La Pascua —— en marzo.

EXERCISE BOOK IN SPANISH

Las hojas estaban —— de los árboles.
El libro se me —— de entre las manos.
Temía que ellos se —— desde lo alto.
La niña asustada dejó —— el cántaro.
Nos lo confesó antes que —— en tierra.

 C. *Tradúzcanse al español las siguientes frases:*

Falling.	**6.** Will I fall from them (*f.*).
We are falling.	**7.** Let us not fall under it (*f.*).
I fall from it (*f.*).	**8.** After having fallen.
Fall (*pol. sing.*).	**9.** Do not fall (*fam. sing.*).
Did you fall?	**10.** They had fallen.

Empleando una forma del verbo **caer,** *tradúzcanse al español las siguientes oraciones:*

We tell him to fall on his knees.
We told him to fall on his knees.
I hope he will not drop with fatigue (*de cansancio*).
Let us not tumble down.
I am glad that you at last see the point.
I will buy it provided it fits well.
If you had not taken sick you would have gone with us.
He warned me not to fall off the horse.
Don't fall in the net.
I feared the book would fall out of my hands.

Fórmense frases originales en que figuren formas irregulares de **caer.**

DAR

A. *Estúdiense las formas irregulares del verbo* **dar**:

Pres. de Indic.: **doy.**
Pres. de Subj.: **dé** (*1a. y 3a. sing.*).
Pretérito: **di, diste, dió, dimos, disteis, dieron.**
Imperf. y Fut. de Subj.: **diese,** *etc.;* **diera,** *etc.;* **diere,** *etc.*

B. *Póngase la forma debida de* **dar** *en las siguientes oraciones; después tradúzcase cada frase completa:*

1. La puerta —— a la calle.
2. Ahora me —— por vencido.
3. Acaban de —— las dos.
4. Cuando estaba en la escuela, se —— al estudio.
5. Le —— miedo al niñito los animales.
6. Deseo que le —— Vd. las gracias.
7. Mañana Vd. se —— cuenta de eso.
8. El muchacho —— con nosotros en la calle hace una hora.
9. Yo —— un paseo si Vd. me acompañara.
10. —— un grito el ladrón escapó.
11. Cuando se extravíe Vd. —— la vuelta.
12. Me —— a conocer a los señores.
13. Si no me —— un apretón de manos, no le —— el parabién.
14. —— que sea así, no me —— vergüenza.
15. Dijo que —— de comer a los caballos.

C. *Tradúzcanse al español las siguientes frases:*

1. I don't give them (*m.*) to you (*pol. sing.*).
2. Are they giving it (*m.*) to me?
3. She used to give them (*f.*) the book.
4. We were giving it (*f.*) to them (*f.*).
5. I gave them (*f.*) to him.

6. Did you give it (*m.*) to us?
7. They had given me it (*f.*).
8. Shall we give you it?
9. Give (*fam. pl.*) it (*m.*) to me.
10. Giving it (*m.*) to them (*m.*).

D. *Empleando una forma del verbo* **dar** *tradúzcanse al español las siguientes oraciones:*

1. I don't think his room looks out on the garden.
2. When the clock strikes eight, feed him.
3. I would know him if I came upon him in the dark.
4. Don't congratulate him unless he shakes your hand.
5. Maybe he will give account of the walk he took.
6. I hope you realize what you said.
7. Why don't you want me to thank you?
8. Why frighten a poor child?
9. He will not leave before you give him to drink.
10. Tell him not to turn back.

E. *Fórmense frases originales en que figuren formas irregulares de* **dar**.

DECIR

A. *Estúdiense las formas irregulares del verbo* **decir**:

GERUNDIO: **diciendo.**
PATRICIPIO PASIVO: **dicho.**
PRES. DE INDIC.: **digo, dices, dice; dicen.**
PRES. DE SUBJ.: **diga, digas, diga, digamos, digáis, digan.**
FUTURO Y CONDICIONAL: **diré,** *etc.*; **diría,** *etc.*
PRETÉRITO: **dije, dijiste, dijo, dijimos, dijisteis, dijeron.**
IMPERF. Y FUT. DE SUBJ.: **dijese,** *etc.;* **dijera,** *etc.;* **dijere,** *etc.*
IMPERATIVO: **di.**

B. *Pónganse las formas debidas de* **decir** *en los espacios en blanco de las siguientes oraciones; después tradúzcase al inglés cada frase:*

1. ¿Cómo se —— eso en español?
2. ¿Qué quiere —— esta palabra?
3. Págueme la deuda, es ——, los cinco dólares.
4. Nunca he —— que sí.
5. No —— Vd. disparates.
6. Lo oí ——.
7. Por mejor ——, Vd. tiene toda la culpa.
8. ——me con quien andas, y te diré quien eres.
9. ¿Por qué ——lo a voces?
10. Por más que Vd. ——, no lo creería.
11. —— y hecho, saltó por la ventana.
12. Luego él lo —— para sí.
13. La Biblia —— que eso es pecado.
14. Hay que —— la verdad siempre.

C. *Tradúzcanse al español las siguientes frases.*

1. What am I saying to you?
2. We say it (*m.*) to you.
3. He would say it (*f.*).
4. Did you say it (*m.*) to me?
5. We said it to ourselves.
6. I will say it after you.
7. We would have said it.
8. Saying it.
9. Let him say it to us.
10. It must be said.

D. *Empleando una forma del verbo* **decir** *tradúzcanse al español las siguientes oraciones.*

1. He told me to tell it to him.
2. What did you say it means?
3. That is to say that he told you no.
4. Unless you heard it said, do not tell it to me.
5. I wish you would not speak to yourself.
6. Tell him not to say it.
7. I told him not to say it.
8. I do not think he will say yes.

9. Saying it to them, he smiled.
10. Don't shout it to everybody.

E. *Fórmense frases originales en que figuren formas irregulares de* **decir**.

ESTAR

A. *Estúdiense las formas irregulares del verbo* **estar**:

Pres. de Indic.: **estoy, estás, está; están.**

Pres. de Subj.: **esté, estés, esté; estén.**

Pretérito: **estuve, estuviste, estuvo, estuvimos, estuvisteis, estuvieron.**

Imperf. y Fut. de Subj.: **estuviese,** *etc.;* **estuviera,** *etc.;* **estuviere,** *etc.*

B. *Pónganse las formas debidas de* **estar** *en los espacios en blanco de las siguientes oraciones; después tradúzcase al inglés cada frase:*

1. Todavía no —— ella de vuelta.
2. ¿A cuántos ——?
3. Yo —— para salir, cuando Vd. entró.
4. ¿ —— Vd. por escribirle que venga?
5. ¿No han —— abiertas las ventanas?
6. No quisiera —— en su pellejo.
7. Siento que él —— con hambre.
8. ¿Por qué ha —— Vd. de pie?
9. Yo —— a punto de salir cuando Vd. vino.
10. Ya que nosotros —— en ello, creemos que —— de ver.
11. ¿Cuánto tiempo hacía que Vd. —— allí.
12. La pobre viuda —— fuera de sí.
13. ¿ —— Vd. seguro de eso?
14. Siento que él —— con hambre.
15. Mañana Vd. —— de acuerdo conmigo.
16. Espero que —— Vd. bien de salud.

C. *Tradúzcanse al español las siguientes frases:*

1. I am.
2. Are they not for us?
3. You (*fam. sing.*) used to be.
4. They were.
5. Was I?
6. Be (*pol. sing.*).
7. Being.
8. Would that I were.
9. We had been.
10. Having been.

D. *Empleando una forma del verbo* **estar**, *tradúzcanse al español las siguientes oraciones.*

1. Are you glad that I am about to leave?
2. If the windows were closed, it would be all right.
3. I am looking for a man who has been here long.
4. I told him to be here provided he agreed with me.
5. Maybe it is snowing.
6. If he were here he would be content.
7. He regretted that I was not well.
8. I do not think he is informed of that.
9. She fears that he is beside himself.
10. We doubt that he is about to go.

E. *Fórmense frases originales en que figuren formas irregulares de* **estar**.

HABER

A. *Estúdiense las formas irregulares del verbo* **haber:**

Pres. de Indic.: **he, has, ha (hay); hemos, han.**

Pres. de. Subj.: **haya, hayas, haya, hayamos, hayáis, hayan.**

Pretérito: **hube, hubiste, hubo, hubimos, hubisteis, hubieron.**

Imperf. y Fut. de Subj.: **hubiese,** *etc.;* **hubiera,** *etc.;* **hubiere,** *etc.*

Futuro y Condic.: **habré,** *etc.;* **habría,** *etc.*

Imperativo: **hé.**

B. *Pónganse las formas debidas de* **haber** *en los espacios en blanco de las siguientes oraciones; después tradúzcase al inglés cada frase:*

1. Yo —— de hacer un largo viaje.
2. —— que estudiarlo con cuidado.
3. El no —— novedad es buena noticia.
4. ¿ —— mucha gente allí?
5. Déme Vd. las cartas si las ——.
6. El ladrón no —— sido preso.
7. Luego que —— hablado, salió.
8. Dudo que —— venido.
9. Lo —— hecho, si —— tenido tiempo.
10. Una vez —— un rey poderoso.
11. ¿Cree Vd. que no —— remedio?
12. Ella —— de ser rica.
13. Dijo que —— para todos.
14. —— que tener paciencia.

C. *Tradúzcanse al español las siguientes frases:*

1. I have spoken.
2. They have eaten.
3. There is.
4. There were.
5. There has been.
6. We will have gone.
7. Having said.
8. After having told me.
9. Would they have lived?
10. They must be.

D. *Empleando una forma del verbo* **haber,** *tradúzcanse al español las siguientes oraciones:*

1. I don't think he is to leave before to-morrow.
2. If it could not be helped I would not speak to you.
3. When there is nothing more to be done, return.
4. It is certain that there will be a lecture to-night.
5. Don't mention it; I am glad you have taken it.

6. I fear there is nothing for you.
7. We feared there was nothing for him.
8. It was necessary to return.
9. There would be more people here if he had come.
10. Because of there being so many pupils here we are to divide the class.

E. *Fórmense frases originales en que figuren formas irregulares de* **haber.**

HACER

A. *Estúdiense las formas irregulares del verbo* **hacer:**

Part. Pasivo: **hecho.**   Imperativo: **haz.**
Pres. de Indic.: **hago.**
Pres. de Subj.: **haga, hagas, haga, hagamos, hagáis, hagan.**
Futuro y Condic.: **haré,** *etc.;* **haría,** *etc.*
Imperfecto y Futuro de Subj.: **hiciese,** *etc.;* **hiciera,** *etc.;* **hiciere,** *etc.*

B. *Póngase la forma debida de* **hacer** *en las siguientes oraciones; después tradúzcase cada frase completa:*

1. Ellos —— un largo viaje el mes que viene.
2. Yo —— tres comidas al día.
3. Ganó la batalla y se —— general.
4. Hemos —— venir al médico.
5. Puedo ——me entender en español.
6. Después que me —— una pregunta, partió.
7. No me —— Vds. daño.
8. No iré porque me —— falta dinero.
9. Yo no —— caso de eso anteayer.
10. —— mucho tiempo que estoy aquí.
11. ¿Qué tiempo —— anoche?

12. —— tres días que estaba allí cuando llegaron.
13. Si Vd. —— un pedido liberal, se lo venderíamos más barato.
14. Los viajeros se —— llevar a la estación.

C. *Tradúzcanse al español las siguientes frases:*

1. I am doing it (*m.*).
2. Don't they do it (*f.*) well?
3. Did you do that?
4. I did not do this.
5. They would not do it (*m.*) for us (*f.*).
6. Will he do it (*f.*) to you (*pol. sing.*).
7. He must do it (*m.*) with me.
8. Let us do it (*f.*) with them (*m.*).
9. We had done it (*m.*) to him.
10. Do it (*m.*) for me.

D. *Empleando una forma del verbo* **hacer,** *tradúzcanse al español las siguientes oraciones:*

1. The teacher wants us to ask questions.
2. Was it necessary for you to do it a year ago?
3. I hope they will not harm you.
4. We are glad that you have become rich.
5. I don't believe you need money.
6. He told me not to pay any attention to this.
7. You feared it would harm him.
8. He has been here six years.
9. I shall wait until John takes a trip with me.
10. I want a servant who makes himself understood.
11. Have him come in.
12. If I became rich I would have four meals a day.

E. *Fórmense frases originales en que figuren formas irregulares de* **hacer.**

IR

A. *Estúdiense las formas irregulares del verbo* **ir:**

GERUNDIO: **yendo.**
PRES. DE INDIC.: **voy, vas, va, vamos, vais, van.**
IMPERF. DE INDIC.: **iba, ibas, iba, íbamos, ibais, iban.**
PRES. DE SUBJ.: **vaya, vayas, vaya, vayamos, vayáis, vayan.**
PRETÉRITO: **fuí, fuiste, fué, fuimos, fuisteis, fueron.**
IMPERF. Y FUT. DE SUBJ.: **fuese,** *etc.;* **fuera,** *etc.*
IMPERATIVO: **ve; vamos** (*1a. plu.*).

B. *Pónganse las formas debidas de* **ir** *en los espacios en blanco de las siguientes oraciones; después tradúzcase al inglés cada frase:*

1. Este camino —— a la aldea.
2. —— a hacerlo, y luego hablaremos.
3. Cuando le encontré, el campesino —— a caballo.
4. —— Vd. con Dios.
5. Yo —— corriendo por los campos.
6. ¿Cómo le ——?
7. Niños, ¡——os!
8. Es preciso que yo me —— antes que Vd.
9. —— días, y viniendo días, se encontraron.
10. Me dijo que —— a buscarlo.
11. Mañana —— a paseo en coche.
12. El buque se —— a fondo en la tempestad.
13. El enfermo —— mejorando.
14. Temo que él se haya —— de casa.

C. *Tradúzcanse al español las siguientes frases:*

1. I am going with you (*pol. sing.*).
2. They go with us.
3. She used to go with me.

4. I went with them (*m.*).
5. You went with him.
6. Will you go for me?
7. They had gone to him.
8. Go away (*fam. sing.*).
9. Let us go with them (*f.*).
10. Would that you went after me.

D. *Empleando una forma del verbo* **ir**, *tradúzcanse al español las siguientes oraciones:*

1. Go and get it.
2. Let us study the lesson.
3. I am glad that you are going on foot.
4. Did you think I had gone?
5. It is to be hoped that this road leads to Madrid.
6. The boy would run away from home if he had money.
7. Let's go visit him.
8. Unless he goes with me I shall not go.
9. Don't go on foot.
10. If he went walking every day, he would go on improving in health.

E. *Fórmense frases originales en que figuren formas irregulares de* **ir**.

OÍR

A. *Estúdiense las formas irregulares del verbo* **oír**:

GERUNDIO: **oyendo**.
PARTICIPIO PASIVO: **oído**.
PRES. DE INDIC.: **oigo, oyes, oye; oímos, oyen**.
PRES. DE SUBJ.: **oiga, oigas, oiga; oigamos, oigáis, oigan**.
PRETÉRITO: **oyó; oyeron**.

Imperf. y Fut. de Subj.: **oyese**, *etc.*; **oyera**, *etc.*; **oyere**, *etc.*

Imperativo: **oye.**

B. *Pónganse las formas debidas de* **oír** *en los espacios en blanco de las siguientes oraciones; después tradúzcase al inglés cada frase:*

1. Yo —— lo que dice Vd.
2. He —— hablar mucho de Vd.
3. Cuando yo estaba en el campo, —— cantar a los pájaros.
4. Se —— con los oídos.
5. Ella —— decir ayer que no habrá reunión.
6. Al —— hablar a Juan, le reconoció.
7. Estoy —— hablar a alguien.
8. ¡ —— Vd. aquella voz!
9. —— tú lo que tengo que decirte.
10. ¡Ojalá que él —— estas palabras!
11. Al —— decir esto, no contestó.
12. Yo —— venir a mi hermano.
13. ——, ver y callar.
14. Se necesita un empleado que —— bien.

C. *Tradúzcanse al español las siguientes frases:*

1. I hear it (*f.*).
2. Do you hear them (*f.*)?
3. We used to hear her.
4. Did you hear him?
5. They did not hear us.
6. We will hear you.
7. Would he hear me?
8. I had heard it said.
9. Hear me (*fam. sing.*).
10. Hearing it (*f.*).

D. *Empleando una forma del verbo* **oír** *tradúzcanse al español las siguientes oraciones:*

1. I am afraid you don't hear me.
2. If I had heard it said, I would have repeated it.

3. It is too bad that you have not heard him.
4. When you hear them talk, you will know them.
5. He wanted us to hear what he was saying.
6. We shall enter without his hearing us.
7. I want him to hear me well.
8. If you heard him he would hear you.
9. It is a pity that he does not hear us.
10. Let us hear him.

E. *Fórmense frases originales en que figuren formas irregulares de* **oír.**

PODER

A. *Estúdiense las formas irregulares del verbo* **poder:**
GERUNDIO: **pudiendo.**
PRES. DE INDIC.: **puedo, puedes, puede; pueden.**
PRES. DE SUBJ.: **pueda, puedas, pueda; puedan.**
FUT. Y CONDIC.: **podré,** *etc.*; **podría,** *etc.*
PRETÉRITO: **pude, pudiste, pudo, pudimos, pudisteis, pudieron.**
IMPERF. Y FUT. DE SUBJ.: **pudiese,** *etc.;* **pudiera,** *etc.;* **pudiere,** *etc.*

B. *Pónganse las formas debidas de* **poder** *en los espacios en blanco de las siguientes oraciones; después tradúzcase al inglés cada frase:*

1. Quien no —— andar, que corra.
2. Nosotros no hemos —— hallarlo.
3. Gritamos a más no ——.
4. Yo —— dormirme si Vd. se callara.
5. Se —— que llueva mañana.
6. Yo no —— hablar hace tres años.
7. Cayó en —— de un ladrón.
8. He trabajado tanto que no —— más.

9. No —— hacerlo, lo abandonaron.
10. Yo no —— menos de hacerlo.
11. A —— de ruegos logró su intento.
12. ¿ Se —— entrar ahora?
13. Temo que el obrero no —— más.
14. Querer es ——.

C. *Tradúzcanse al español las siguientes frases:*

1. I am able.
2. They were able.
3. He used to be able.
4. I was able.
5. Were you able?
6. We shall be able.
7. They would be able.
8. Being able.
9. On being able.
10. I would have been able.

D. *Empleando una forma del verbo* **poder** *tradúzcanse al español las siguientes oraciones:*

1. It may be that he cannot do it.
2. I am glad that you can speak Spanish.
3. It is important for them to try the utmost.
4. If you can't help laughing, you may not come in.
5. When I am able, I shall come.
6. Unless you can come I shall not come.
7. Not being able to see him I wrote him a letter.
8. He said he would be exhausted.
9. If I could have done it, you could have done it also.
10. He did not speak though he could have spoken well.

E. *Fórmense frases originales en que figuren formas irregulares de* **poder.**

PONER

A. *Estúdiense las formas irregulares del verbo* **poner:**
Participio Pasivo: **puesto.**
Pres. de Indic.: **pongo.**

32 EXERCISE BOOK IN SPANISH

Pres. de Subj.: **ponga, pongas, ponga, pongamos, pongáis, pongan.**

Futuro y Condic.: **pondré,** *etc.;* **pondría,** *etc.*

Pretérito: **puse, pusiste, puso, pusimos, pusisteis, pusieron.**

Imperf. y Fut. de Subj.: **pusiese,** *etc.;* **pusiera,** *etc.;* **pusiere,** *etc.*

Imperativo: **pon.**

B. *Pónganse las formas debidas de* **poner** *en los espacios en blanco de las siguientes oraciones; después tradúzcase cada frase al inglés:*

1. El sol no se —— en el oriente.
2. La criada —— la mesa, cuando entré.
3. Yo —— cien reales a que es así.
4. Al verle la muchacha se —— colorada.
5. Me —— gordo, si comiese tanto.
6. —— Vds. atención, mandó el maestro.
7. El enemigo fué —— en fuga por nuestra caballería.
8. El tren se —— en marcha a las cuatro.
9. Vamos a —— en limpio estos ejercicios.
10. Niñito mío, —— te el sombrero en seguida.
11. Yo —— por caso que tiene Vd. razón.
12. ¿Cuántos huevos ha —— esta gallina?
13. ——me pálido, me —— a llorar.
14. Vamos a ——le un telegrama.
15. Fué necesario que nosotros le —— en libertad.
16. El predicador —— en obra sus doctrinas.
17. ¿Cuándo piensa Vd. ——se en camino?

C. *Tradúzcanse al español las siguientes frases:*

1. I am putting it (*m.*).
2. He puts them (*f.*).
3. We were putting them (*m.*).
4. I did put it (*f.*).
5. Did we put them?
6. Shall I put it (*f.*)?

7. Would they put it (*f.*)?
8. Putting them.
9. She had put it (*m.*).
10. Put them (*f.*).

D. *Empleando una forma del verbo* **poner** *tradúzcanse al español las siguientes oraciones:*

1. I shall ask the servant to set the table.
2. Don't blush, little girl.
3. Is it necessary for me to put on my hat?
4. I shall tell you it provided you don't turn pale.
5. If you had eaten more you would have become fat.
6. Let us put them to flight.
7. It was necessary for them to set forth.
8. I wanted the captain to put me ashore.
9. Let us put on our hats.
10. Tell him to begin working.

E. *Fórmense frases originales en que figuren formas irregulares de* **poner.**

QUERER

A. *Estúdiense las formas irregulares del verbo* **querer:**

Pres. de Indic.: **quiero, quieres, quiere; quieren.**
Pres. de Subj.: **quiera, quieras, quiera; quieran.**
Futuro y Condic.: **querré,** *etc.*; **querría,** *etc.*
Pretérito: **quise, quisiste, quiso, quisimos, quisisteis, quisieron.**
Imperf. y Fut. de Subj.: **quisiese,** *etc.;* **quisiera,** *etc.;* **quisiere,** *etc.*

B. *Pónganse las formas debidas de* **querer** *en los espacios en blanco de las siguientes oraciones. Después tradúzcase el inglés cada frase completa:*

1. ¿Qué —— decir esto?
2. Por no —— vernos, se fué.

3. No creo que Vd. —— verla.
4. Aunque ellos —— visitarnos no estaremos en casa.
5. —— es poder.
6. Habiendo —— comprarlo, él les dió el dinero.
7. ¿No —— nosotros a nuestros amigos?
8. ¿Qué me —— él?
9. Vd. hará como Vd. ——.
10. Dijo que la palabra —— decir mucho.
11. Mañana él —— salir de aquí.
12. Vds. podrían ir allá si —— acompañarme.
13. Lo hizo sin ——.
14. Lo supe sin que él —— decírmelo.

C. *Tradúzcanse al español las siguientes frases:*

1. What do these words mean?
2. We love our parents.
3. Before wishing to see her, he wishes to speak to us.
4. He will wish to read it (*f.*).
5. They have not wished it.
6. I should like to go.
7. For a long time he has wished to go.
8. He said he would like to go there.
9. They were wishing to read it (*m.*).
10. Why did you want it?

D. *Empleando una forma del verbo* **querer** *tradúzcanse al español las siguientes oraciones:*

1. I should like to see him.
2. If you loved John you would say so.
3. Wishing to see her he went there.
4. I know no one who wishes to go.
5. I knew no one who wished to go.

6. May God grant (wish) it!
7. They feared I would not wish to come.
8. If he wished to say it he would say it.
9. I hope you do not want me to do it.
10. He did it without our wishing it.

E. *Fórmense frases originales en que figuren formas irregulares de* **querer.**

SABER

A. *Estúdiense las formas irregulares del verbo* **saber:**

PRES. DE INDIC.: **sé.**

PRES. DE SUBJ.: **sepa, sepas, sepa, sepamos, sepáis, sepan.**

FUTURO Y CONDIC.: **sabré,** *etc.;* **sabría,** *etc.*

PRETÉRITO: **supe, supiste, supo, supimos, supisteis, supieron.**

IMPERF. Y FUT. DE SUBJ.: **supiese,** *etc.;* **supiera,** *etc.;* **supiere,** *etc.*

B. *Pónganse las formas debidas de* **saber,** *en los espacios en blanco de las siguientes oraciones. Después tradúzcase al inglés cada frase:*

1. Él no —— tocar el piano.
2. ¿Desea Vd. que él lo ——?
3. Ayer yo —— la verdad.
4. Mañana ellos lo ——.
5. Si él lo —— me lo diría.
6. Se fué sin que nosotros lo ——.
7. Vd. no —— que yo había venido.
8. El agua —— a limón.
9. Después de —— eso me lo dijo.
10. Más vale —— que haber.

11. No es rico que yo ———.
12. Él lo ——— si lo hiciéramos.
13. Yo no ——— qué hacer ahora.
14. ¿Cree Vd. que él lo haya ———?

C. *Tradúzcanse al español las siguientes frases:*

1. When shall you know it?
2. I found it out yesterday.
3. They had known how to write it.
4. Without knowing it, he discovered the truth.
5. Knowing this he said nothing.
6. They must know it without doubt.
7. The bread tasted (*imperf.*) of garlic (*ajo*).
8. He had never found it out.
9. She will know what to do.
10. He said they would know it.

D. *Empleando una forma del verbo* **saber,** *tradúzcanse al español las siguientes oraciones:*

1. He is not here, so far as I know.
2. Even if he knew it he would not say it.
3. He does not want us to know it.
4. He did not want us to know it.
5. Can it be that they know it?
6. She will come without his knowing it.
7. There is no one who knows how to open it (*f.*).
8. When he knows we are here he will come.
9. If he knew that we should know it also.
10. Would that he knew that!

E. *Fórmense frases originales en que figuren formas irregulares del verbo* **saber.**

SALIR

A. *Estúdiense las formas irregulares del verbo* **salir**:

Pres. de Indic.: **salgo.**

Pres. de Subj.: **salga, salgas, salga, salgamos, salgáis, salgan.**

Futuro y Condic.: **saldré,** *etc.;* **saldría,** *etc.*

Imperativo: **sal.**

B. *Pónganse las formas debidas de* **salir** *en los espacios en blanco de las siguientes oraciones. Después tradúzcase al inglés cada frase completa:*

1. Yo —— del cuarto.
2. Mañana él —— temprano.
3. Cuando —— el sol me levantaré.
4. Yo dudaba que él se —— con la suya.
5. Lo hizo sin —— de casa.
6. Él espera que yo —— bien en el examen.
7. Aunque él —— a nuestro encuentro no le hablaríamos.
8. —— Vds. (*imper.*) a la calle.
9. Por haber —— el sol apagué las luces.
10. Antes de —— de allí me habló.
11. ¿Podrá él —— de la dificultad?
12. Busco un tren que —— a las dos.
13. Si ella —— yo lo sabría.
14. Que él no —— todavía.

C. *Tradúzcanse al español las siguientes frases:*

1. The sun will rise at five o'clock.
2. He has not left the room.
3. He will get out of the difficulty.
4. They have gone out to meet him.
5. Do not leave (*pol. pl.*) the city.
6. Now I am going out.

7. Go out (*familiar sing.*).   8. The boys left the room.
9. The teacher was leaving when we arrived.
10. Leaving early we arrived late.

D. *Empleando una forma del verbo* **salir** *tradúzcanse al español las siguientes oraciones:*
1. I shall tell him to leave at once.
2. He said he would have his way.
3. If he had left the house I would have seen him.
4. He told me not to go out.
5. I should like you to leave now.
6. I did it so that he might get out of the difficulty.
7. They had not wanted me to leave.
8. Tell him to come out.
9. They hoped I would succeed in the examination.
10. When he had gone out I followed him.

E. *Fórmense frases originales en que figuren formas irregulares del verbo* **salir.**

SER

A. *Estúdiense las formas irregulares del verbo* **ser**:
PRES. DE INDIC.: **soy, eres, es, somos, sois, son.**
IMPERF. DE INDIC.: **era, eras, era, éramos, erais, eran.**
PRES. DE SUBJ.: **sea, seas, sea, seamos, seáis, sean.**
PRETÉRITO: **fuí, fuiste, fué, fuimos, fuisteis, fueron.**
IMPERF. Y FUT. DE SUBJ.: **fuese,** *etc.;* **fuera,** *etc.;* **fuere,** *etc.*

IMPERATIVO: **sé.**

B. *Pónganse las formas debidas de* **ser** *en los espacios en blanco de las siguientes oraciones; después tradúzcase cada frase completa:*
1. Yo no —— comerciante.
2. Pidió que yo —— bueno.

3. Él no sabía que nosotros —— amigos.
4. Ella quiere que ellos —— amigos.
5. Negué que ella —— perezosa.
6. —— yo el que lo hice.
7. Quienquiera que Vd. —— no le conozco.
8. Si yo —— Vd., lo haría.
9. ¿Que hora ——?
10. Eso no —— del caso.
11. El dijo que —— del parecer que no teníamos razón.
12. ¿Qué ha —— de Juan?
13. ¿De dónde —— él?
14. —— rico no quería más dinero.
15. No cree que yo —— de edad.
16. Niños, —— buenos.

C. *Tradúzcanse al español las siguientes frases:*

1. It must be ten o'clock.
2. They were (*imperf.*) happy.
3. Don't be (*pol. sing.*) stubborn (*terco*).
4. Are you a pupil? I am.
5. We were (*pret.*) diligent.
6. What had become of them?
7. I am of the opinion that he is here.
8. The house has been built well.
9. Because of being kind, he was loved by all.
10. I shall be the one who will say it.

D. *Empleando una forma del verbo* **ser** *tradúzcanse al español las siguientes oraciones:*

1. I wish a book that is interesting.
2. They would be happy if we were (so).
3. Though he may be rich he will not buy it.
4. Let us be friends.

5. Be it as it may.
6. Tell him to be good.
7. He told me to be good.
8. I doubt that he is from Madrid.
9. It is fitting that you should be a doctor.
10. If you were a friend of mine you would believe me.

E. *Fórmense frases originales en que figuren formas irregulares del verbo* **ser**.

TENER

A. *Estúdiense las formas irregulares del verbo* **tener**:

Pres. de Indic.: **tengo, tienes, tiene; tienen.**

Pres. de Subj.: **tenga, tengas, tenga, tengamos, tengáis, tengan.**

Futuro y Condic.: **tendré,** *etc.;* **tendría,** *etc.*

Pretérito: **tuve, tuviste, tuvo, tuvimos, tuvisteis, tuvieron.**

Imperf. y Fut. de Subj.: **tuviese,** *etc.;* **tuviera,** *etc.;* **tuviere,** *etc.*

Imperativo: **ten.**

B. *Pónganse las formas debidas de* **tener** *en los espacios en blanco de las siguientes oraciones. Después tradúzcase al inglés cada frase:*

1. —— Vd. la bondad de hacerlo.
2. Deseo que él lo —— presente.
3. Si Vd. no come —— hambre.
4. Yo dudaba que él —— miedo.
5. Él dijo que —— que estudiar más tarde.
6. ¿Quién — la culpa de eso?
7. Se decía que él —— fama de ser muy rico.
8. ——lo Vds. en cuenta.

9. ¿Cuántos años —— él entonces?
10. Buscaré un hombre que —— ganas de acompañarme.
11. Yo no creía que él me —— por un hombre célebre.
12. La reunión —— lugar mañana.
13. Si ellos no —— mucha sed no lo beberían.
14. Me puse el sobretodo para no —— frío.

C. *Tradúzcanse al español las siguientes frases:*

1. They were warm.
2. Please give it to me.
3. We shall bear it in mind.
4. You were not to blame.
5. I used to consider him as a friend of mine.
6. He was not ashamed of that.
7. He said he would desire to go.
8. They had the reputation of being rich.
9. He must be five years old.
10. When will it take place?
11. Are you very cold?
12. She had been very hungry.
13. Don't be (*pol. sing.*) afraid.
14. They will be thirsty.
15. What is the matter with you?

D. *Empleando una forma del verbo* **tener** *tradúzcanse al español las siguientes oraciones:*

1. If I were hungry I should say so.
2. When he is ten years old he will leave school.
3. He did not think I would be afraid.
4. They begged me to bear it in mind.
5. She doubted that I was right.
6. If he had been to blame he would have said so.
7. Tell him to be careful.

8. He told us to be careful.
9. Show me a man who is afraid to go.
10. I am glad he is not sleepy.
11. Though he had time he would not be good enough to do it.
12. He feared that I would have to go home.

C. *Fórmense frases originales en que figuren formas irregulares del verbo* **tener.**

TRADUCIR

A. *Estúdiense las formas irregulares del verbo* **traducir:**

PRES. DE INDIC.: **traduzco.**

PRES. DE SUBJ.: **traduzca, traduzcas, traduzca, traduzcamos, traduzcáis, traduzcan.**

PRETÉRITO: **traduje, tradujiste, tradujo, tradujimos, tradujisteis, tradujeron.**

IMPERF. Y FUT. DE SUBJ.: **tradujese,** *etc.;* **tradujera,** *etc.;* **tradujere,** *etc.*

B. *Pónganse las formas debidas del verbo* **traducir** *en los espacios en blanco de las siguientes oraciones. Después tradúzcase al inglés cada frase completa.*

1. Yo lo —— ahora.
2. Ayer él lo ——.
3. Me rogó que se lo ——.
4. Después de —— la página, la leo.
5. No —— Vds. los renglones.
6. Por haberlo —— tan mal, volvió a ——lo.
7. Si yo lo ——, Vd. no lo entendería.
8. Sin —— las palabras, es imposible entenderlas.
9. Sin que Vd. las ——, será difícil entenderlas.
10. Después de haberlo ——, lo escribí.

11. Al ——melo, lo comprendí.
12. Niños, no lo ——.
13. Niños, ——lo.
14. Tiene miedo de que nosotros lo ——.

C. *Tradúzcanse al español las siguientes frases:*

1. Translate (*pol. sing.*) it for me.
2. He has not yet translated it.
3. They will have translated it.
4. She translated the lines into English.
5. On translating it, I understood it.
6. The book has never been translated.
7. Shall you translate this into Spanish?
8. Are you translating it?
9. It is easy to translate the line.
10. Don't translate (*pol. pl.*) it now.
11. Why did he translate it?
12. I had never translated this before.

D. *Empleando una forma del verbo* **traducir** *tradúzcanse al español las siguientes oraciones:*

1. He understood it without translating it.
2. If I translated the book, he would read it.
3. Unless you translate it, I shall not understand it.
4. Tell him not to translate it.
5. He told us not to translate it.
6. I needed a man who translated books.
7. It is fitting that he should translate them.
8. Though you translate it, it will be difficult to read.
9. We hope you are translating the lines.
10. Translating books is not easy.

E. *Fórmense frases originales en que figuren formas irregulares del verbo* **traducir**.

TRAER

A. *Estúdiense las formas irregulares del verbo* **traer**:

GERUNDIO: **trayendo**.
PARTICIPIO PASIVO: **traído**.
PRESENTE DE INDIC: **traigo**.
PRES. DE SUBJ.: **traiga, traigas, traiga, traigamos, traigáis, traigan**.
PRETÉRITO: **traje, trajiste, trajo; trajimos, trajisteis, trajeron**.
IMPERFECTO Y FUTURO DE SUBJ.: **trajese**, *etc.;* **trajera**, *etc.;* **trajere**, *etc.*

B. *Pónganse las formas debidas de* **traer** *en los espacios en blanco de las siguientes oraciones. Después tradúzcase al inglés cada frase:*

1. Yo se lo ——— a Vd.
2. ¿Quiere Vd. que él se lo ———?
3. Él nos lo ——— ayer.
4. ¿Quería Vd. que ella se lo ———?
5. Después de ———melo, él se marchó.
6. ———noslo Vds.
7. A fin de que me lo ———, le doy una propina.
8. No lo veré a menos que ellos me lo ———.
9. Eso me ——— arrastrado.
10. Quiso que yo lo ——— conmigo.
11. Ellos estaban ———melos.
12. ———me Vd. que comer.
13. Que ellos no lo ——— en bocas.
14. Lo vimos sin que él nos lo ———.

C. *Tradúzcanse al español las siguientes frases:*

1. That always bores me.
2. He has not yet brought it to us.

3. She is bringing it with her.
4. After having brought it to us.
5. On our bringing it to him.
6. Before bringing it to him.
7. We did not bring it to them.
8. Bring (*pol. sing.*) it to her.
9. They had not yet brought it.
10. Do you wish to bring it to them?
11. Have you brought them to me?
12. Bring (*fam. sing.*) it to us.

D. *Empleando una forma del verbo* **traer** *tradúzcanse al español las siguientes oraciones:*

1. Let us bring it to them.
2. They wanted us to bring it to them.
3. Why do you want me to bring it to you?
4. Unless she brings it with her, we shall not have it.
5. If he brought it, we would buy it.
6. Although he brought it to us, we should not buy it.
7. I do not want that to bore you.
8. Tell him to bring it to me.
9. He told him to bring it to him.
10. Let him not traduce my reputation.

E. *Fórmense frases originales en que figuren formas irregulares del verbo* **traer**.

VALER

A. *Estúdiense las formas irregulares de verbo* **valer**:

PRES. DE INDIC.: **valgo**.

PRES. DE SUBJ.: **valga, valgas, valga, valgamos, valgáis, valgan**.

FUTURO Y CONDICIONAL: **valdré**, *etc.;* **valdría**, *etc.*

IMPERATIVO: **val**.

B. *Pónganse las formas debidas de* **valer** *en los espacios en blanco de las siguientes oraciones. Después tradúzcase al inglés cada frase completa:*
 1. ¿Cuánto —— estos libros?
 2. ¡ ——me Dios!
 3. Más —— tarde que nunca.
 4. Dijo que no —— la pena de hacerlo.
 5. Más —— que Vd. lo diga.
 6. Aquella hazaña le —— un título de nobleza.
 7. Si la casa —— tanto, no la compraría.
 8. Aun cuando —— la pena de visitarlo, no lo visitaré.
 9. Lo pagaré aunque no —— tanto.
 10. Cuando los productos —— más, él nos lo venderá.
 11. Creo que nunca ha — tanto como ahora.
 12. Vale lo que ——.

C. *Tradúzcanse al español las siguientes frases.*
 1. It is worth much.
 2. To-morrow it will be worth more.
 3. Yesterday it was worth little.
 4. He said they would be worth more.
 5. I am as worthy as he.
 6. That availed me nothing.
 7. How much is the house worth?
 8. It must be worth much.
 9. After being worth little.
 10. Because of being worth little.

D. *Empleando una forma del verbo* **valer** *tradúzcanse al español las siguientes oraciones:*
 1. It would be better that you and I did it.
 2. If it were worth while to see him, I would see him.
 3. ¡ Heaven bless us!

4. He went there without its being worth while to go.
5. It is better to be right than to be president.
6. When the suit is worth less, I shall buy it.
7. Although it may be worth little, I shall try to sell it.
8. It may be that silence is better than gold.
9. His kindness won for him our friendship.
10. Knowledge (*saber*) is better than wealth.

E. *Fórmense frases originales en que figuren formas irregulares del verbo* **valer.**

VENIR

A. *Estúdiense las formas irregulares del verbo* **venir:**
GERUNDIO: **viniendo.**
PRES. DE INDIC.: **vengo, vienes, viene; vienen.**
PRES. DE SUBJ.: **venga, vengas, venga, vengamos, vengáis, vengan.**
FUTURO Y CONDICIONAL: **vendré,** *etc.;* **vendría,** *etc.*
PRETÉRITO: **vine, viniste, vino, vinimos, vinisteis, vinieron.**
IMPERF. Y FUTURO DE SUBJ.: **viniese,** *etc.;* **viniera,** *etc.;* **viniere,** *etc.*
IMPERATIVO: **ven.**

B. *Pónganse las formas debidas de* **venir** *en los espacios en blanco de las siguientes oraciones. Después tradúzcase al inglés cada frase:*
1. El sombrero no le —— bien.
2. —— Vd. a vernos.
3. Cuando —— la hora, estaré preparado.
4. En aquella época la ciudad —— a menos.
5. Mañana él —— a mi encuentro.

6. Los dos se lo disputaron y —— a las manos.
7. Ayer la casa vieja se —— al suelo.
8. Si Vd. ——, él vendría también.
9. Al —— los muchachos los saludamos.
10. Dígale que no —— mañana.
11. Después de —— él, —— otros.
12. Habiendo —— él, le hablamos.
13. Por —— nosotros tan tarde, tenemos que quedarnos de pie.
14. Aunque ella no ——, nosotros nos reuniremos.

C. *Tradúzcanse al español las siguientes frases:*

1. They came.
2. Coming.
3. I shall not come.
4. They were coming.
5. After coming.
6. He said he would come.
7. She is not coming.
8. Am I coming?
9. Will he come?
10. When he had come.

D. *Empleando una forma del verbo* **venir** *tradúzcanse al español las siguientes oraciones:*

1. Let's come at ten o'clock.
2. If we came, they would come.
3. If we had come, they would have come.
4. When he comes I shall see him.
5. Let them not come late.
6. It is important that they should come at once.
7. It was important that they should come at once.
8. Because of having come early they saw him.
9. I feared they would come to blows.
10. In order that they may come to meet us, I shall write them.

E. *Fórmense frases originales en que figuren formas irregulares del verbo* **venir**:

VER

A. *Estúdiense las formas irregulares del verbo* **ver**:

PARTICIPIO PASIVO: **visto.**
PRES. DE INDIC.: **veo.**
IMPERF. DE INDIC.: **veía, veías, veía, veíamos, veíais, veían.**
PRES. DE SUBJ.: **vea, veas, vea, veamos, veáis, vean.**

B. *Pónganse las formas debidas del verbo* **ver** *en los espacios en blanco de las siguientes oraciones. Después tradúzcase al inglés cada frase completa:*

1. ¿Qué —— Vd. ayer?
2. Yo no —— la hora de comer.
3. ¿No los ha —— Vd.?
4. No tengo nada que —— con eso.
5. Mañana él se —— obligado a partir.
6. Vamos a ——. ¿Qué es eso?
7. Cuando me hubo ——, me saludó.
8. Lo hicimos sin que ella nos ——.
9. Si ellos nos ——, los veríamos a ellos.
10. ——lo Vds. bien.
11. Se lo dí para que él lo ——.
12. Ya se —— que él es rico.
13. Nosotros —— el libro cuando él entró.
14. Al ——nos, se fué.

C. *Tradúzcanse al español las siguientes frases:*

1. He was seeing it.
2. Without seeing us.
3. Let us see it.
4. We have seen her.
5. Seeing us.
6. On seeing us.
7. They would have seen him.
8. They saw me.
9. She will see it.
10. I see you (*pol. pl.*).

D. *Empleando una forma del verbo* **ver** *tradúzcanse al español las siguientes oraciones:*

1. Let them not see us.
2. When he sees us he will speak to us.
3. He left without our seeing him.
4. Having seen it, he wanted us to see it.
5. We shall see about that.
6. He must have seen my father.
7. They would go provided we did not see them.
8. He will stay though he may be anxious to go.
9. It is evident that you know much.
10. I fear he has not seen her.

E. *Fórmense frases originales en que figuren formas irregulares del verbo* **ver.**

D. VERBOS QUE CAMBIAN LA VOCAL DEL RADICAL

CERRAR

A. *Estúdiense las formas irregulares del verbo* **cerrar**:

Pres. de Indic.: **cierro, cierras, cierra; cierran.**
Pres. de Subj.: **cierre, cierres, cierre; cierren.**
Imperativo: **cierra.**

B. *Pónganse las formas debidas del verbo* **cerrar** *en los espacios en blanco de las siguientes oraciones. Después tradúzcase al inglés cada frase completa:*

1. —— Vd. la puerta.
2. Él quiere que ellos —— el libro.
3. Temo que la puerta no se —— fácilmente.
4. Niño, no —— tu libro.
5. Ella quería —— la puerta con llave.
6. Él deseaba que yo la ——.
7. Sin ——lo, dió la lección.
8. Habiéndolo ——, volvió a abrirlo.
9. Que Juan no la ——.
10. Él —— el libro, si se lo pidiéramos.
11. Aunque Vd. la ——, podré abrirla.
12. Cuando nosotros la ——, él la abrirá.
13. Al ——lo, me miró.
14. Él tiene miedo de que yo no la —— con llave.

C. *Tradúzcanse al español las siguientes frases:*

1. They close it.
2. Am I not closing it?
3. Close it (*fam. sing.*).
4. Let us not close the door.
5. Without closing the window.
6. Do not close (*pol. pl.*) it.
7. He is locking the door.
8. The door closes.
9. She was closing the book.
10. After closing it.

D. *Empleando una forma del verbo* **cerrar** *tradúzcanse al español las siguientes oraciones:*
1. When he closes the window I shall open it.
2. Tell him not to lock it.
3. We told him not to lock it.
4. It is necessary for you to close your book.
5. I want a door that closes easily.
6. On locking the door he said nothing.
7. Unless you close it, he will come in.
8. He must have closed the window.
9. If I should close it, he would open it.
10. There is no one here who locks his door.

E. *Fórmense frases originales en que figuren formas irregulares del verbo* **cerrar**.

CONTAR

A. *Estúdiense las formas irregulares del verbo* **contar**:
Pres. de Indic.: **cuento, cuentas, cuenta; cuentan.**
Pres. de Subj.: **cuente, cuentes, cuente; cuenten.**
Imperativo: **cuenta.**

B. *Pónganse las formas debidas del verbo* **contar** *en los espacios en blanco de las siguientes oraciones. Después tradúzcanse al inglés cada frase completa:*
1. Ella —— ahora los libros.
2. Niño, ——los bien.
3. Me alegro de que Vd. —— conmigo.
4. Quiero que Vd. me la —— ahora.
5. Después de ——los, me dió uno.
6. Los tomó sin que Vd. los ——.
7. A menos que ellos las ——, no sabrán cuántas hay.
8. Él manda que nosotros —— los pasos.
9. —— Vd. en español las plumas.

10. ¿Quién hay aquí que no —— bien?
11. Con tal que Vd. no los ——, los compraré.
12. Habiéndolos ——, los examinó.
13. Ayer ella me —— una anécdota.
14. Aunque me —— Vd. eso, no lo creeré.

C. *Tradúzcanse al español las siguientes frases:*

1. They count them.
2. Am I telling it to her?
3. He counted them.
4. He does not count his steps.
5. On counting them.
6. Without counting them.
7. Counting them.
8. Do not count them (*pol. sing.*).
9. Let John count them.
10. She relies on him.

D. *Empleando una forma del verbo* **contar** *tradúzcanse al español las siguientes oraciones:*

1. Tell him to rely on us.
2. Let us not count them now.
3. Tell (*pol. sing.*) it to him.
4. He wanted us to rely on him.
5. I doubt that he has counted them.
6. When he counts them he will sell them.
7. I am seeking a boy who counts well in Spanish.
8. I shall give them to him so that he may count them.
9. It is easy to count the pupils.
10. If you counted them you would know the truth.

E. *Fórmense frases originales en que figuren formas irregulares del verbo* **contar.**

DORMIR

A. *Estúdiense las formas irregulares del verbo* **dormir:**

GERUNDIO: **durmiendo.**

PRES. DE INDIC.: **duermo, duermes, duerme; duermen.**

Pres. de Subj.: **duerma, duermas, duerma; durmamos, durmáis, duerman.**
Pretérito: **durmió; durmieron.**
Imperfecto y Fut. de Subj.: **durmiese,** *etc.;* **durmiera,** *etc.;* **durmiere,** *etc.*

B. *Pónganse las formas debidas de* **dormir** *en los espacios en blanco de las siguientes oraciones; después tradúzcase al inglés cada frase:*

1. No se —— Vd. aquí.
2. Mi padre permite que yo —— hasta las ocho.
3. Quien mucho —— poco aprende.
4. Dicen que él está ——.
5. Niño, ——te ahora.
6. Para no ——me, empecé a hablar.
7. No permití que él —— allí.
8. Pasé el tiempo ——.
9. Si él —— mejor, podría curarse pronto.
10. —— poco y comer mucho no es bueno ni conveniente.
11. Manda que nos —— en seguida.
12. Pero yo no quiero ——me.
13. Dijo que moriría si no —— mejor.
14. Le hablaré a Vd. para que no se ——.

C. *Tradúzcanse al español las siguientes frases:*

1. Sleeping.
2. Having fallen asleep.
3. He went to sleep.
4. She is falling asleep.
5. The man will sleep well.
6. On going to sleep.
7. Children, go to sleep.
8. While sleeping.
9. When he had slept.
10. After sleeping.

D. *Empleando una forma del verbo* **dormir** *tradúzcanse al español las siguientes oraciones:*

1. Let's go to sleep.
2. Don't fall asleep (*pol. pl.*).

3. He asks us not to fall asleep.
4. If he fell asleep, we would awaken him.
5. Because of having fallen asleep he did not hear us.
6. If we had not slept well, we would not have risen early.
7. We told him to go to sleep.
8. Though he may be sleeping I shall enter.
9. When he falls asleep I shall go away.
10. We rest while sleeping.

E. *Fórmense frases originales en que figuren formas irregulares de* **dormir**.

JUGAR

A. *Estúdiense las formas irregulares del verbo* **jugar**:

Pres. de Indic.: **juego, juegas, juega; juegan.**

Pres. de Subj.: **juegue, juegues, juegue; juguemos, juguéis, jueguen.**

Imperativo: **juega.**

B. *Pónganse las formas debidas del verbo* **jugar** *en los espacios en blanco de las siguientes oraciones. Después tradúzcase al inglés cada frase completa.*

1. Yo —— al tennis.
2. Él no desea que nosotros —— ahora.
3. Niños, no —— aquí.
4. Los hombres no —— mucho.
5. Sería mejor que ellos —— más.
6. Es preciso que un niño —— al aire libre.
7. Le gusta a él —— a los naipes.
8. Prefiero que ella no —— ahora.
9. Si Vd. no —— tanto, trabajaría más.
10. —— es divertirse.
11. Sin —— un poco la vida resulta dura.
12. Perdió su dinero ——.

13. Después de —— es necesario trabajar.
14. Ella permite que ellos —— aquí.

   C. *Tradúzcanse al español las siguientes frases:*

1. They are playing.
2. Does he like to play?
3. Playing is necessary to children.
4. He plays tennis well.
5. I do not play much.
6. Before playing.
7. Don't play (*pol. pl.*).
8. When he had played.
9. While playing.
10. Having played.

   D. *Empleando una forma del verbo* **jugar** *tradúzcanse al español las siguientes oraciones:*

1. Let us not play in the house.
2. Tell him to play with us.
3. I told him to play with her.
4. Children, play in the open air.
5. I shall not play with you unless you play well.
6. He went away without playing with us.
7. Do you know how to play cards?
8. I want someone to play with me.
9. I know no one who plays tennis.
10. He knew no one who played tennis.

   E. *Fórmense frases originales en que figuren formas irregulares del verbo* **jugar.**

PEDIR

   A. *Estúdiense las formas irregulares del verbo* **pedir:**

Gerundio: **pidiendo.**

Pres. de Indic.: **pido, pides, pide; piden.**

Pres. de Subj.: **pida, pidas, pida; pidamos, pidáis, pidan.**

Pretérito: **pidió; pidieron.**
Imperf. y Fut. de Subj.: **pidiese,** *etc.;* **pidiera,** *etc.;* **pidiere,** *etc.*

B. *Pónganse las formas debidas de* **pedir** *en los espacios en blanco de las siguientes oraciones; después tradúzcase al inglés cada frase:*
  1. Él me lo —— ahora.
  2. No queremos que Vd. nos lo ——.
  3. Temió que nosotros —— la palabra.
  4. Si él me lo ——, se lo daría.
  5. ¿Por qué no se lo —— Vd. ayer?
  6. ¡——melo Vds.!
  7. Me alegro de que él se lo —— a Vd.
  8. ——melo, se fué.
  9. Para que nosotros no lo ——, va a dárselo a Juan.
  10. Que Juan lo —— a otro.
  11. Al verme ayer ellos me lo ——.
  12. Aun cuando nos lo —— no se lo daríamos.
  13. ¿A quién quiere Vd. que yo lo ——?
  14. No importaba que él se lo —— a él.

C. *Tradúzcanse al español las siguientes frases:*
  1. He asks for it.
  2. Asking for it.
  3. Without asking for it.
  4. They are demanding.
  5. On demanding it of him.
  6. In order to ask it of him.
  7. He asked it of us.
  8. They will not ask for anything.
  9. I shall ask his pardon.
  10. Do not ask (*fam. sing.*) me for it.

D. *Empleando una forma del verbo* **pedir** *tradúzcanse al español las siguientes oraciones:*
  1. Let us ask it of them.

2. Tell him not to ask it of us.
3. He told us not to ask it of him.
4. Though he ask it of me, I shall not give it to him.
5. I ask for a book that is interesting.
6. It is a pity that he asks so much of us.
7. Don't ask (*pol. pl.*) me for anything.
8. He doubts that we will ask so much of him.
9. I do not think he will ask for the floor.
10. If they asked him for it, he would ask us for it.

E. *Fórmense frases originales en que figuren formas irregulares de* **pedir**.

PERDER

A. *Estúdiense las formas irregulares del verbo* **perder**:

Pres. de Indic.: **pierdo, pierdes, pierde; pierden.**
Pres. de Subj.: **pierda, pierdas, pierda; pierdan.**
Imperativo: **pierde.**

B. *Pónganse las formas debidas del verbo* **perder** *en los espacios en blanco de las siguientes oraciones. Después tradúzcase al inglés cada frase completa:*

1. No le —— Vd. de vista.
2. La lluvia lo ha echado a ——.
3. Dígale que no los ——.
4. Espero que ellos —— cuidado.
5. Esperaba que nosotros no lo ——.
6. Temo que él nos ——.
7. Importa mucho que nosotros no la ——.
8. Si Vd. lo ——, no podría hallarlo.
9. —— Vds. cuidado.
10. Después de ——lo, lo busqué.
11. Habiéndolo ——, no pudo encontrarlo.

12. Aunque la —— Vd., se la daré.
13. Lo tiene a menos que lo haya ——.
14. Por haberle —— de vista, no le buscaré.

C. *Tradúzcanse al español las siguientes frases:*

1. Does he lose it?
2. What has he lost?
3. Where did he lose it?
4. On losing it.
5. Losing them (*m.*).
6. We shall not lose them (*f.*).
7. Children, do not lose it.
8. They are losing them (*m.*).
9. He is spoiling them (*m.*).
10. We do not worry.

D. *Empleando una forma del verbo* **perder** *tradúzcanse al español las siguientes oraciones:*

1. Let us not lose sight of him.
2. When you lose it, look for it.
3. Don't worry (*pol. sing.*).
4. I fear he will lose them.
5. He has ruined us.
6. We begged them not to lose it.
7. If he lost it he would say so.
8. He sold it without our losing anything.
9. Lose (*fam. sing.*) if you wish to win.
10. Let John not lose sight of us.

E. *Fórmense frases originales en que figuren formas irregulares del verbo* **perder:**

SENTIR

A. *Estúdiense las formas irregulares del verbo* **sentir:**

Gerundio: **sintiendo.**

Pres. de Indic: **siento, sientes, siente; sienten.**

Pres. de Subj.: **sienta, sientas, sienta; sintamos, sintáis, sientan.**

PRETÉRITO: sintió; sintieron.

IMPERF. Y FUT. DE SUBJ.; **sintiese,** *etc.;* **sintiera,** *etc.;* **sintiere,** *etc.*

B. *Pónganse las formas debidas de* **sentir** *en los espacios en blanco de las siguientes oraciones; después tradúzcase al inglés cada frase:*

1. Yo lo —— mucho.
2. ¿Se —— Vd. mejor ahora?
3. Él no cree que nosotros lo ——.
4. Si Vd. lo ——, yo lo sabría.
5. ——se enfermo, se quedó en casa.
6. ¿No lo —— ellos?
7. Ví que ellos lo —— en el alma.
8. Aunque se —— Vd. muy bien allí, le será preciso partir.
9. Cuando ella se —— mejor, dígamelo Vd.
10. Con tal que lo ——, yo se lo perdonaría.
11. Yo creía que él lo —— mucho.
12. ¡Que Juan no lo —— tanto!
13. Entonces él —— mucho haberme invitado.
14. Yo —— en el alma que ella no hubiera venido.

C. *Tradúzcanse al español las siguientes frases:*

1. He regrets it.
2. We do not regret it.
3. I feel very well now.
4. Having regretted it.
5. Before feeling better.
6. He regretted it deeply.
7. They regret having come.
8. She feels very sad.
9. Why regret it?
10. After regretting it.

D. *Empleando una forma del verbo* **sentir** *tradúzcanse al español las siguientes oraciones:*

1. Let us not regret it.
2. Tell him not to regret it.

3. We told him not to regret it.
4. If he regretted it very much he would not say so.
5. I do not think they feel it deeply.
6. Don't regret it (*pol. sing.*).
7. I need a man who feels strong.
8. Is there anyone here who does not regret it?
9. He would go though he might regret it.
10. Regretting having come he left at once.

E. *Fórmense frases originales en que figuren formas irregulares de* **sentir.**

VOLVER

A. *Estúdiense las formas irregulares del verbo* **volver:**

Pres. de Indic.: **vuelvo, vuelves, vuelve; vuelven.**
Pres. de Subj.: **vuelva, vuelvas, vuelva; vuelvan.**
Imperativo: **vuelve.**

B. *Pónganse las formas debidas de* **volver** *en los espacios en blanco de las siguientes oraciones; después tradúzcase al inglés cada frase:*

1. Mi padre —— ahora a la ciudad.
2. No ha —— todavía, pero —— mañana.
3. Ellos desean que ella —— pronto.
4. ¿ —— Vd. a verle mañana?
5. ¡No —— Vds. a hacer esto!
6. Dicen que él se ha —— loco.
7. Ahora los días se —— más largos.
8. ¡ —— se Vd.!
9. Cuando él haya ——, déselo a él.
10. ——nos la espalda él se marchó.
11. Deseo que Vd. —— sobre sus pasos.
12. Convendría que él —— en seguida.

13. Si Vd. —— yo volvería también.
14. Ruego que Vd. —— a decírmelo.

C. *Tradúzcanse al español las siguientes frases:*

1. He speaks again.
2. They are returning.
3. Has he returned?
4. He had become mad.
5. Am I doing it again?
6. The nights had become short.
7. Without turning around.
8. When he had returned.
9. Return (*pol. pl.*) at once.
10. He has written again.

D. *Empleando una forma del verbo* **volver** *tradúzcanse al español las siguientes oraciones:*

1. Don't turn around (*pol. pl.*).
2. Tell him not to say it again.
3. Let us turn around.
4. When he does that again speak to him.
5. If he turned his back on me I should leave.
6. Let John read it again.
7. Do you think he has returned?
8. If he had returned he would have been there.
9. I know no one who has ever seen him again.
10. Unless he returns at eight I shall leave again.

E. *Fórmense frases originales en que figuren formas irregulares de* **volver:**

E. VERBOS QUE TIENEN CAMBIOS ORTOGRÁFICOS

AVERIGUAR

A. *Estúdiense las formas irregulares del verbo* **averiguar**:

Pres. de Subj.: **averigüe, averigües, averigüe, averigüemos, averigüéis, averigüen.**

Pretérito: **averigüé.**

B. *Póngase la forma debida de* **averiguar** *en las siguientes oraciones; después tradúzcase cada frase completa*:
1. A ella le gusta —— los secretos ajenos.
2. No hay quien se —— con él.
3. Generalmente yo —— la verdad, si la busco.
4. La policía lo —— cuando llegué.
5. Al investigar yo —— que él había salido.
6. Vd. —— la solución con el tiempo.
7. Deseamos que Vd. —— la causa de eso.
8. Si él lo —— se lo diría a Vd.
9. Habiéndolo ——, nos lo dijo todo.
10. Quieren que yo vuelva a ——lo.
11. Dígale Vd. que lo —— en seguida.
12. Sin ——lo, Vd. no podrá resolverlo.
13. Ayer yo lo —— fácilmente.
14. ¿Cuándo lo —— Vd.?

C. *Tradúzcanse al español las siguientes frases*:
1. He ascertains it (*m.*).
2. Let him ascertain it (*f.*).
3. Did he ascertain that (*n.*)?
4. I found it out.
5. Find (*fam. pl.*) it out for me.
6. They have just found it out.

7. I am investigating them (*m.*).
8. It will be ascertained.
9. It ought to be ascertained.
10. Have it ascertained.

D. *Empleando una forma del verbo* **averiguar** *tradúzcanse al español las siguientes oraciones:*
1. It will not be possible for us to ascertain the truth.
2. Would that they might ascertain the reason!
3. He left without investigating the affair.
4. I am afraid that he will find out our secret.
5. There is probably no one who has found out about it.
6. When you find it out, tell it to us.
7. He said he would tell it to us when he found it out.
8. Let us find it out at once.
9. Let John investigate it.
10. We shall do this without his finding it out.

E. *Fórmense frases originales en que figuren formas irregulares de* **averiguar**.

BUSCAR

A. *Estúdiense las formas irregulares del verbo* **buscar**:

Pres. de Subj.: **busque, busques, busque, busquemos, busquéis, busquen.**

Pretérito: **busqué.**

B. *Pónganse las formas debidas de* **buscar** *en los espacios en blanco de las siguientes oraciones; después tradúzcase al inglés cada frase:*
1. Quien ——, halla.
2. Ando —— a mi amigo.
3. Vaya Vd. a ——lo.
4. No —— una aguja en un pajar.

5. —— al médico, pero no le hallé.
6. Que lo —— el ciego a tientas.
7. Él quiere que nosotros la ——.
8. Nos escribió que la —— por todas partes.
9. ¿A quién —— Vd. cuando le encontré?
10. Hace mucho tiempo que yo le ——.

C. *Tradúzcanse al español las siguientes frases:*

1. I am seeking it (*m.*).
2. They seek us.
3. We were seeking them (*m.*).
4. I sought it (*f.*).
5. They sought me.
6. He will seek you (*sing.*).
7. Seek (*pol. sing.*) them (*f.*).
8. Seeking her.
9. Having sought you (*fam. sing.*).
10. They had sought you (*pol. plur.*).

D. *Empleando una forma del verbo* **buscar** *tradúzcanse al español las siguientes oraciones:*

1. He tells me to look for it.
2. He told me to look for it.
3. You must go and get it.
4. Do not grope about for it.
5. I want a man who sometimes seeks advice.
6. Let us look for them.
7. Though you look for it you will not find it.
8. I sought (*pret.*) you everywhere.
9. Is it true that you have sought me everywhere?
10. After having looked for us, he departed.

E. *Fórmense frases originales en que figuren formas irregulares de* **buscar.**

COGER

A. *Estúdiense las formas irregulares del verbo* **coger**:

Pres. de Indic.: **cojo.**

Pres. de Subj.: **coja, cojas, coja, cojamos, cojáis, cojan.**

B. *Póngase las formas debidas de* **coger** *en las siguientes oraciones; después tradúzcase cada forma completa:*

1. Cuando estas ventanas están abiertas yo —— un resfriado.
2. Más presto se —— al mentiroso que al cojo.
3. Que me —— si pueden.
4. Él nos —— como salíamos.
5. Acto seguido yo le —— en mentira.
6. ——me descuidado, me dió mucho miedo.
7. La tierra ha —— bastante agua.
8. La —— por la mano y le diré la verdad.
9. Si —— por un flanco al enemigo, ganaríamos la batalla.
10. Procuré ——le de buen humor.
11. Dígale que —— el tirador y abra la puerta.
12. ——le Vds.
13. Van —— las flores del campo.
14. En caso que ellos le ——, le matarán.

C. *Tradúzcanse al español las siguientes frases:*

1. I catch it (*f.*).
2. He used to catch them (*f.*) for me.
3. Didn't you catch her?
4. We shall catch you.
5. They wouldn't catch them (*m.*).
6. On catching me.
7. Catch (*fam. sing.*) it (*m.*).

8. Don't catch (*fam. sing.*) it (*m.*).
9. It was caught.
10. Catching it (*m.*).

D. *Empleando una forma del verbo* **coger** *tradúzcanse al español las siguientes oraciones:*

1. If I caught you lying, I would punish you.
2. He told me not to catch cold.
3. I hope you may catch them unawares.
4. It is important for you to seize her by the hand.
5. We shall wait until you catch that car.
6. He doubted that we would catch it.
7. Let us seize the boy by the arm.
8. It is not possible for him to catch the enemy on the flank.
9. When you catch him unawares tell me of it.
10. Tell him not to catch cold.

E. *Fórmense frases originales en que figuren formas irregulares de* **coger**.

DISTINGUIR

A. *Estúdiense las formas irregulares del verbo* **distinguir**:
Pres. de Indic.: **distingo**.
Pres. de Subj.: **distinga, distingas, distingan, distingamos, distingáis, distinga.**

B. *Póngase las formas debidas de* **distinguir** *en las siguientes oraciones; después tradúzcase cada frase completa:*

1. El rey —— los regimientos por sus nombres y divisas.
2. Temo que Vd. no —— lo azul de lo verde.
3. Yo no —— de colores.
4. Cervantes se —— en la batalla de Lepanto.
5. Los marineros —— a lo lejos la tierra.
6. Mañana —— Vds. su error.

7. No podían —— lo malo de lo bueno.
8. Es justo que Vds. —— a este hombre valeroso.
9. ——se en las filas, el soldado llegó a ser oficial.
10. Que —— el discípulo este problema.
11. Lo diré así para que él —— la diferencia que hay entre los dos.
12. Conviene que nosotros le ——.

C. *Tradúzcanse al español las siguientes frases:*

1. I can't distinguish it (*m.*).
2. I distinguish myself.
3. Let him distinguish himself.
4. They used to be distinguished.
5. He excelled in that (*n.*).
6. Let us esteem him.
7. Distinguish us.
8. They had distinguished this (*m.*) from that (*f.*).
9. Will they distinguish themselves?
10. He is distinguishing himself.

D. *Empleando una forma del verbo* **distinguir** *tradúzcanse al español las siguientes oraciones:*

1. We know no one who distinguishes himself that way.
2. He does not want us to distinguish between the rich and the poor.
3. Were you afraid I would not esteem my parents?
4. Though you distinguish it on the horizon, you will not reach it.
5. Even if we did excel they would not believe us.
6. Because of having distinguished himself in battle they made him an officer.
7. I doubted that he would distinguish his book from mine.
8. Let John distinguish himself.

9. Unless they distinguish good from bad they will not succeed.
10. We told him to distinguish it carefully.

E. *Fórmense frases originales en que figuren formas irregulares de* **distinguir**.

PAGAR

A. *Estúdiense las formas irregulares del verbo* **pagar**:

PRES. DE SUBJUNTIVO: **pague, pagues, pague, paguemos, paguéis, paguen.**

PRETÉRITO: **pagué.**

B. *Póngase la forma debida de* **pagar** *en las siguientes oraciones; después tradúzcase cada frase completa:*

1. Yo —— siempre las cuentas.
2. Bien con bien se ——.
3. —— mis deudas, partí al campo.
4. El reo —— con el pellejo la semana próxima.
5. El año pasado yo —— por él un dólar cincuenta.
6. —— Vds. sus sueldos a los empleados.
7. Quiso que yo —— por quincenas adelantadas.
8. Hay que —— al contado aquí.
9. ¿Cuánto ha —— por cada uno?
10. Prefieren que nosotros —— hoy.
11. A menos que él me lo ——, no se lo dejo.
12. Entonces lo —— y me fuí.
13. ¿Desea Vd. que yo se lo ——?
14. Dígale que nos lo ——.

C. *Tradúzcanse al español las siguientes frases:*

1. Do I pay you for it (*m.*).?
2. We used to pay her.
3. I paid him for them (*f.*).

4. Did he pay you (*pol. pl.*) for this?
5. We shall not pay them (*m.*).
6. I would pay them (*f.*) for it (*f.*).
7. Pay (*pol. sing.*) it to him.
8. Paying us.
9. They have paid you (*fam. pl.*).
10. Pay (*fam. pl.*) us.

D. *Empleando las formas debidas del verbo* **pagar** *tradúzcanse al español las siguientes oraciones:*

1. He told her to pay me for it.
2. I am glad you have paid cash.
3. He may have to pay the forfeit of his life.
4. I sell only to customers who pay two weeks in advance.
5. If you paid one dollar apiece for them, you would be paying too much.
6. Let us pay him for it now.
7. Though he pay us little we shall sell it.
8. Tell him to pay her for it to-morrow.
9. God will reward him for it.
10. Let John pay it to him.

E. *Fórmense frases originales en que figuren formas irregulares de* **pagar**.

REZAR

A. *Estúdiense las formas irregulares del verbo* **rezar**:

Pres. de Subjuntivo: **rece, reces, rece, recemos, recéis, recen.**

Pretérito: **recé.**

B. *Póngase las formas debidas de* **rezar** *en las siguientes oraciones; después tradúzcase cada frase completa:*

1. Bien ——, pero mal ofrece.
2. Le suplicaron que —— la misa.

3. Este asunto no —— con el presidente.
4. Cuando era joven, —— regularmente.
5. Me arrodillé y —— en voz alta.
6. El —— es bueno para las almas dolientes.
7. ¿En qué iglesia —— Vd. el domingo próximo?
8. —— si tuviéramos el tiempo.
9. ¿Es posible que estos pícaros estén ——?
10. Quise que él —— más seriamente.
11. El letrero —— así: casa de huéspedes.
12. Ve a ——, hija mía.
13. La madre pide al niño que —— todos los días.
14. Hay que —— para ser bueno.

C. *Tradúzcanse al español las siguientes frases:*

1. I pray.
2. Didn't I pray?
3. They used to pray.
4. Will you pray?
5. We would not pray.
6. Pray (*pol. sing.*) for me.
7. Pray (*fam. sing.*) with me.
8. After praying.
9. Praying.
10. I have prayed.

D. *Empleando una forma del verbo* **rezar** *tradúzcanse al español las siguientes oraciones:*

1. It is impossible for him to say mass to-day.
2. They ordered me to pray on my knees.
3. As soon as you have prayed, you will feel better.
4. I like a man who prays.
5. Even if he should pray, he would not be forgiven.
6. Let us pray every day.
7. What does the letter say?
8. Let the wicked pray.
9. Tell him to pray.
10. There is no one who prays so often as he.

E. *Fórmense frases originales en que figuren formas irregulares de* **rezar.**

VENCER

A. *Estúdiense las formas irregulares del verbo* **vencer**:

Pres. de Indic.: **venzo**.

Pres. de Subj.: **venza, venzas, venza, venzamos, venzáis, venzan.**

B. *Póngase las formas debidas de* **vencer** *en las siguientes oraciones; después tradúzcase cada frase completa:*

1. La pasión le —— ahora.
2. Al que —— toca el despojo.
3. Yo —— siempre tales dificultades.
4. Los americanos —— a los alemanes.
5. La cuenta —— el primero del mes próximo.
6. El sueño me ——, si Vd. se callara.
7. Esperábamos que nuestros campeones ——.
8. No permita Vd. que le —— el dolor.
9. La ciencia está —— la enfermedad gradualmente.
10. Me doy por ——.
11. Se les —— a los hombres.
12. No me rendiré a menos que ellos me ——.
13. No es fácil ——le.
14. El general manda que sus soldados —— al enemigo.

C. *Tradúzcanse al español las siguientes frases:*

1. I conquer him.
2. I conquered them (*m.*).
3. He wants me to conquer them (*m.*).
4. They conquered us.
5. Will we conquer them (*f.*).
6. On overcoming it (*f.*).
7. It has fallen due.
8. He was vanquished.
9. We are beating them.
10. We are being conquered.

D. *Empleando una forma del verbo* **vencer** *tradúzcanse al español las siguientes oraciones:*

1. They doubted that I would overcome this obstacle.
2. Can it be that they have conquered?
3. He advises me not to give up.
4. I will pay the bill when it falls due.
5. We don't believe you will conquer the enemy.
6. There is no one who conquers such difficulties.
7. Though you may conquer him he will not surrender.
8. Having conquered them he left the city.
9. They surrender without his conquering them.
10. Let him conquer them.

E. *Fórmense frases originales en que figuren formas irregulares de* **vencer.**

F. VERBOS MISCELANEOS
BULLIR

A. *Estúdiense las formas irregulares del verbo* **bullir**:
GERUNDIO: **bullendo**.
PRETÉRITO: **bulló; bulleron**.
IMPERF. Y FUT. DE SUBJ.: **bullese**, *etc.;* **bullera**, *etc.;* **bullere**, *etc.*

B. *Póngase la forma debida de* **bullir** *en las siguientes oraciones; después tradúzcase cada frase completa:*
1. Me está —— la sangre.
2. Cuando la veo bailar, me —— los pies.
3. En 1914 —— los movimientos de guerra.
4. Dijo la cocinera que el agua ——.
5. En los corredores los alumnos —— al cambiar de clases.
6. Tales pensamientos nunca han —— dentro de mi cerebro.
7. El agua está —— de la fuente.
8. Le veo ——.
9. Temí que el agua no ——.
10. Dudo que —— ahora.
11. No creo que eso —— en su mente.
12. Las aguas —— anoche.
13. Ví el incidente sin que nada —— en mi mente.
14. Cuando el agua ——, apague Vd. el fuego.

C. *Tradúzcanse al español las siguientes frases:*
1. It is boiling.
2. It will bubble.
3. Was it boiling?
4. It would boil.
5. Hasn't it boiled?
6. Did it bubble up?
7. Make it boil.
8. It was boiling.
9. On boiling.
10. Don't let it boil.

D. *Empleando una forma del verbo* **bullir** *tradúzcanse al español las siguientes oraciones:*
1. I want the water to boil.
2. I am not surprised that it has not boiled.
3. Wouldn't that make your blood boil?
4. Is there any doubt that it will boil?
5. He told me it would be all right provided it boiled.
6. Don't allow the coffee to boil.
7. The water bubbled up suddenly.
8. If it bubbled up, we would drink it.
9. Unless the water boils it will not be hot enough.
10. Let the water boil.

E. *Fórmense frases originales en que figuren formas irregulares de* **bullir**.

CONOCER

A. *Estúdiense las formas irregulares del verbo* **conocer**:

PRES. DE INDIC.: **conozco.**

PRES. DE SUBJ.: **conozca, conozcas, conozca, conozcamos, conozcáis, conozcan.**

B. *Pónganse las formas debidas de* **conocer** *en los espacios en blanco de las siguientes oraciones; después tradúzcase al inglés cada frase:*
1. Le daré a —— a todo el mundo.
2. Hace mucho tiempo que nosotros —— al Sr. Blanco.
3. ¿ —— Vd. esta calle?
4. Anteriormente yo no —— a nadie.
5. Se deja —— que vale el precio.
6. Antes que le ——, no le alabes.
7. Sé que Vd. no los —— de cerca.

8. El prisionero no —— su delito.
9. —— Vd. sus mercancías antes de hacer negocios.
10. El niño todavía no —— las letras.
11. Me habían —— de vista.
12. Yo quisiera que Vd. la ——.
13. ¿Quiere Vd. que yo los ——?
14. Se —— que ha venido.

C. *Tradúzcanse al español las siguientes frases:*

1. I know them (*m.*).
2. Do you (*plur.*) know me?
3. He used to know us.
4. I met you in Madrid.
5. We shall know them (*f.*).
6. You (*fam. plur.*) would know it (*f.*).
7. Let him know it (*m.*).
8. Knowing you (*fam. plur.*).
9. Before knowing her.
10. They had met him.

D. *Empleando una forma del verbo* **conocer** *tradúzcanse al español las siguientes oraciones:*

1. Are you sorry that I am not acquainted with him?
2. I wish you knew this gentleman.
3. Had I made his acquaintance I would know him by sight.
4. "Know thyself," said my acquaintance to me.
5. It is possible that you know me, but you don't recognize me.
6. It seems strange that we should become acquainted now.
7. When I get acquainted with him he will talk to me.
8. I should like you to meet my friend.
9. Weren't you glad you met that distinguished person?
10. Where do you think they met?

E. *Fórmense frases originales en que figuren formas irregulares de* **conocer.**

CONSTRUIR

A. *Estúdiense las formas irregulares del verbo* **construir**:

GERUNDIO: **construyendo**.

PRES. DE INDIC.: **construyo, construyes, construye; construyen**.

PRES. DE SUBJ.: **construya, construyas, construya; construyamos, construyáis, construyan**.

PRETÉRITO: **construyó; construyeron**.

IMPERF. Y FUT. DE SUBJ.: **construyese**, *etc.;* **construyera**, *etc.;* **construyere**, *etc.*

IMPERATIVO: **construye**.

B. *Póngase las formas debidas de* **construir** *en las siguientes oraciones; después tradúzcase cada frase completa:*

1. Yo —— siempre castillos en el aire.
2. Los americanos —— muchas casas antes de la guerra.
3. Hacemos —— una casa.
4. ¿ Cuándo se —— esta iglesia?
5. ——se una frase empleando el subjuntivo.
6. ¿ Cómo —— yo tal edificio en el porvenir?
7. Vamos a —— una frase con estas palabras.
8. Un nuevo subterráneo está ——se.
9. Es más fácil destruir que ——.
10. Se habían —— las pirámides antes que los rascacielos.
11. Si él —— la casa yo la compraría.
12. No quiso que nosotros la ——.
13. Después de ——lo, lo vendí.
14. Le pidieron que les —— otra casa.

C. *Tradúzcanse al español las siguientes frases:*

1. I am building it (*f.*).
2. Building it (*f.*).
3. After building it (*m.*).

4. Build (*pol. sing.*) it (*m.*).
5. Don't build (*pol. pl.*) it (*m.*).
6. We don't build them (*f.*).
7. We did not build them (*m.*).
8. Did you build it (*m.*) for him?
9. I should not build it (*f.*) for her.
10. Would they had not built them (*m.*) for them (*m.*)!

D. *Empleando una forma del verbo* **construir** *tradúzcanse al español las siguientes oraciones:*

1. I should like you to build me a house.
2. Do you want me to build you a house?
3. There is no doubt that they will build it (*f.*) for me.
4. It is not certain that they will build it.
5. I shall wait until it is built.
6. Let us build it (*m.*) well.
7. Provided he builds the house of stone, he will be able to sell it.
8. He must have built it for us.
9. They would build the church if someone would build the foundation (*cimiento*).
10. Building houses is not easy these days.

E. *Fórmense frases originales en que figuren formas irregulares de* **construir.**

CONTINUAR

A. *Estúdiense las formas irregulares del verbo* **continuar:**

PRES. DE INDIC.: **continúo, continúas, continúa; continúan.**

PRES. DE SUBJ.: **continúe, continúes, continúe; continúen.**

IMPERATIVO: **continúa.**

B. *Póngase las formas debidas de* **continuar** *en las siguientes oraciones; después tradúzcase cada frase completa:*

1. El alumno —— haciéndolo a pesar de lo que le dijo el maestro.
2. —— Vd. leyendo.
3. El cuento se —— en el próximo número.
4. Yo —— hablando después que entró.
5. Hace tres años que yo —— en esta colocación.
6. Hacía tres años que yo —— en esa colocación.
7. Tenga Vd. la bondad de ——.
8. —— si me pagan Vds.
9. Chico, —— estudiando.
10. ——, les contó toda la historia.
11. Aunque él —— no lo hará bien.
12. Él desea que nosotros ——.
13. Dudo que él lo ——.
14. ¿Por qué ——?

C. *Tradúzcanse al español las siguientes frases:*

1. Continue (*pol. sing.*).
2. Continue (*fam. sing.*).
3. I continued.
4. I am continuing.
5. He wants me to continue.
6. He wanted me to continue.
7. He continues.
8. Did he continue?
9. They would have continued.
10. To have continued.

D. *Empleando una forma del verbo* **continuar** *tradúzcanse al español las siguientes oraciones:*

1. I should like you to continue what you have begun.
2. It may be continued on the next page.
3. Do you propose that I continue to study Spanish?
4. Have him continue his story at once.
5. I would continue to talk to you if you would listen,

6. When he continues to speak I shall interrupt him.
7. We sought someone to continue the work.
8. Let us continue reading.
9. Unless he continues he will not finish.
10. Before continuing to speak listen to me.

E. *Fórmense frases originales en que figuren formas irregulares de* **continuar.**

ENVIAR

A. *Estúdiense las formas irregulares del verbo* **enviar:**

PRES. DE INDIC.: **envío, envías, envía; envían.**
PRES. DE SUBJ.: **envíe, envíes, envíe; envíen.**
IMPERATIVO: **envía.**

B. *Pónganse las formas debidas de* **enviar** *en los espacios en blanco de las siguientes oraciones; después tradúzcase al inglés cada frase:*

1. Cuando estoy enfermo —— por el médico.
2. Quiero que Vd. me lo ——.
3. Yo le —— una carta pidiéndole que viniese.
4. Cuando yo lo reciba, se lo ——.
5. Nos han —— un paquete.
6. Vd. no me —— ayer lo que pedí.
7. Con tal que él me lo ——, lo compraré.
8. No nos lo —— Vd.
9. Le digo que no nos lo —— Vd.
10. Le dije que no se lo —— a Vd.
11. Le escribiré que no os lo ——.
12. Que ellos nos lo ——.
13. Nos pide que se lo ——.
14. Sin que ellos me las ——, las compraré.

C. *Tradúzcanse al español las siguientes frases:*
1. I send it (*f.*) to you (*sing.*).
2. She sends me to him.
3. Send (*pol. sing.*) them (*f.*) to me.
4. I sent (*pret.*) it (*f.*) to them (*f.*).
5. Did he send it (*m.*) to them (*m.*)?
6. Sending them to us.
7. Having sent it to me.
8. We ought to send them to her.
9. Haven't I sent it (*m.*) to you (*pol. plur.*)?
10. On sending them (*f.*) to them (*m.*).

D. *Empleando una forma del verbo* **enviar** *tradúzcanse al español las siguientes oraciones:*
1. I asked you to send it to me.
2. If you sent it I would know it.
3. It will be necessary for you to send for the doctor.
4. Let us send them to her now.
5. He asked me to send it to him.
6. Having sent it to us he wished to be paid.
7. It is fitting that they should send the flowers to her.
8. When you send it to me I shall pay for it.
9. I said I would pay for it when you sent it to me.
10. Where do you want it sent?

E. *Fórmense frases originales en que figuren formas irregulares de* **enviar.**

GRUÑIR

A. *Estúdiense las formas irregulares del verbo* **gruñir:**
Gerundio: **gruñendo.**
Pretérito: **gruñó; gruñeron.**
Imperf. y Fut. de Subj.: **gruñese,** *etc.;* **gruñera,** *etc.;* **gruñere,** *etc.*

B. *Póngase la forma debida de* **gruñir** *en las siguientes oraciones, después tradúzcase cada frase completa:*
 1. Cuando tiene hambre el puerco ——.
 2. El perro —— toda la noche.
 3. Las puertas —— (*pret.*) sobre sus goznes.
 4. Creí que él —— cuando el herido gimió.
 5. No —— Vd. como un cerdo de muerte.
 6. La gente estaba —— en desaprobación.
 7. Le oí ——.
 8. No quiero que ellos ——.
 9. Le mandé que no ——.
 10. Si él no —— tanto, podríamos dormir bien.
 11. Aunque él no ——, no estará satisfecho.
 12. Que los niños no ——.
 13. Lo hizo sin ——.
 14. Después de —— se calló.

C. *Tradúzcanse al español las siguientes frases:*
 1. I never grumble.
 2. It used to creak.
 3. He grunted.
 4. Did they growl?
 5. It will grunt.
 6. On grunting.
 7. Let him not grumble.
 8. It is creaking.
 9. She had grumbled.
 10. We would have grumbled.

D. *Empleando una forma del verbo* **gruñir** *tradúzcanse al español las siguientes oraciones:*
 1. When the pig grunts let him go (*soltarle*).
 2. I hope the dog does not growl all night.
 3. He did not think the hinge would creak.
 4. It may be that the prisoners are grumbling.
 5. If you had not grumbled so much you would have been freed.
 6. Let us not grumble for that reason.

7. Tell him not to grumble.
8. He told us not to grumble.
9. They grumbled because of having to work.
10. Did you hear the door creak?

E. *Fórmense frases originales en que figuren formas irregulares de* **gruñir**.

LEER

A. *Estúdiense las formas irregulares del verbo* **leer**:

GERUNDIO: **leyendo**.
PARTICIPIO PASIVO: **leído**.
PRETÉRITO: **leyó; leyeron**.
IMPERF. Y FUT. DE SUBJ.: **leyese**, *etc.;* **leyera**, *etc.;* **leyere**, *etc.*

B. *Pónganse las formas debidas de* **leer** *en los espacios en blanco de las siguientes oraciones; después tradúzcase al inglés cada frase:*

1. Haga Vd. el favor de —— el español.
2. Yo —— siempre este periódico.
3. ¿ Ha —— Vd. estos artículos?
4. ¿ Qué está Vd. —— para sí?
5. Le prometo que lo —— esta noche.
6. ¿ No la —— Vd. anoche?
7. Cuando Vd. —— esto, lo comprenderá todo.
8. Nosotros —— cuando Vd. llamó a la puerta.
9. Quisieron que ella lo ——.
10. Si Vd. —— este libro, no volvería a ——lo.
11. Sin ——la, la firmó.
12. Convendría que Vd. —— el libro.
13. —— la noticia, se desmayó.
14. Hay que —— en alta voz.

C. *Tradúzcanse al español las siguientes frases:*
1. He reads it to me.
2. I was reading it (*f.*) to her.
3. Did you read it (*m.*) to them?
4. She will not read them (*f.*) to us.
5. Would they read them (*m.*) to them (*f.*)?
6. Don't read it (*m.*) to me.
7. On reading it (*f.*) to them (*f.*)
8. Let us read it (*m.*) to her.
9. I ought to read them (*f.*) to them (*m.*).
10. We had not read it (*m.*) to them (*f.*).

D. *Empleando una forma del verbo* **leer** *tradúzcanse al español las siguientes oraciones:*
1. I want him to read it.
2. I asked him to read it.
3. It is important that you read it to yourself.
4. As soon as you have read it, return it to me.
5. We want a secretary who reads well.
6. If I had read the letter, I would have answered it.
7. Unless you read the letter I shall not write it.
8. It would be necessary for him to read it.
9. I hope you have read it to them.
10. He gave me the book without reading it.

E. *Fórmense frases originales en que figuren formas irregulares de* **leer**.

GLOSSARY
Of Verbs and Idioms contained in the Exercises

Andar, to go, travel, walk; —— **a caza de alguna cosa,** to go in pursuit of something; —— **a golpes,** to come to blows; —— **a tientas,** to grope in the dark; —— **la ciudad,** to traverse the city; **andando el tiempo,** in the course of time; **el reloj anda,** the watch runs.

Averiguar, to ascertain, investigate, find out, learn; ——**se con alguno,** to bring one to reason.

Bullir, to boil (*intrans.*), bubble up, move, stir about.

Buscar, to seek, look for; **ir a** ——, to go and get; —— **a tientas,** to grope.

Caber, to be contained, fit in, be room for, fall to one's lot; —— **de gozo,** to be overjoyed; ——**le en suerte,** to fall to one's lot; —— **en,** to understand, to hold; **no** —— **en sí,** not to be able to contain oneself, to be very proud; **no** —— **más,** to be no more room; **no cabe duda,** there is no doubt; **nos cabe,** it behooves or befits us; **todo cabe,** it is quite possible.

Caer, to fall, happen; —— **bien,** to fit, suit, become; —— **de espaldas,** to fall on one's back; —— **en alguna cosa,** to remember or understand a thing; —— **en la cuenta,** to bethink oneself; —— **enfermo,** to become sick; **dejar** ——, to drop.

Cerrar, to close, shut; ——**se,** to close (*intrans.*); —— **con llave,** to lock.

Coger, to catch, seize, gather; —— **descuidado,** to catch unawares; —— **en mentira,** to detect one in lying; —— **un resfriado,** to catch cold.

Conocer, to know, be acquainted with, meet; —— **de cerca,** to know intimately; —— **de vista,** to know by sight; **dar a** ——, to introduce, make known; **se conoce,** it is evident; **se deja**——, it is evident.

Construir, to construct, build, construe.

Contar, to count, relate; —— **con,** to rely upon, have.

Continuar, to continue, last, endure.

Dar, to give; —— **a,** to face, look out on; —— **con,** to come upon, meet; —— **cuenta de,** to give account of; —— **la hora,** to strike; —— **la vuelta,** to return, start back; —— **las gracias,** to thank;

—— miedo a, to frighten; —— un paseo, to take a walk; —— vergüenza, to make ashamed; ——se a, to begin to, devote oneself to; ——se cuenta de, to realize; ——se por, to consider oneself as; ——se por vencido, to surrender, to give up; dado que, assuming, supposing, granted.

Decir, to say, speak; —— a voces, to shout; —— disparates, to speak foolishly, make blunders; —— para sí, to say to oneself; —— que sí, to say yes, say so; dice su pobreza, it bespeaks his poverty; es ——, that is to say; oír ——, to hear it said; por mejor ——, more properly speaking; querer ——, to mean.

Distinguir, to distinguish, esteem; ——se en, to distinguish oneself in.

Dormir, to sleep; ——se, to fall asleep, go to sleep.

Enviar, to send.

Estar, to be; —— a, to be (date); —— a punto de, to be about to; —— con hambre, to be hungry; —— de, to be in; —— de acuerdo, to agree; —— de pie, to stand; —— de ver, to be worth seeing; —— de vuelta, to be back, return; —— en, to understand, comprehend; —— fuera de sí, to be beside oneself with emotion; —— para, to be about to; —— por, to be for, in favor of.

Gruñir, to growl, grumble, groan, grunt, creak.

Haber, to have; to be (*impersonal*); to catch; *m.*, property, wealth; —— de, to be to, have to, must; hay que, it is necessary; hay, había, habrá, *etc.*, there is, was, will be, *etc.*; no hay remedio, it can not be helped.

Hacer, to do, make; —— buen tiempo, to be fine weather; —— caso de, to heed, pay attention to; —— daño, to harm; ——le falta, to lack, need; —— un pedido, to place an order; —— un viaje, to take a trip; —— una comida, to have a meal; —— una pregunta, to ask a question; ——se, to become; —— + *inf.*, to cause, have + *inf.* (*or past part.*).

Ir, to go, lead; —— a caballo, to ride (horseback); —— a paseo, to go for a walk; —— a + *inf.*, to go and + *inf.*; ——se, to go away; ——se a fondo, to sink; ——se de casa, to run away from home; —— + gerundio, to be + *pres. part.*; vaya Vd. con Dios, farewell.

Jugar, to play; —— **al aire libre**, to play in the open; —— **a los naipes**, to play cards; —— **al tennis**, to play tennis.

Leer, to read; —— **para sí**, to read to oneself.

Oír, to hear, listen, attend; —— **hablar**, to hear spoken, to hear speak; ——, **ver y callar**, to mind one's own business.

Pagar, to pay, pay for, reward; —— **al contado**, to pay cash; —— **con el pellejo**, to pay the forfeit of one's life; —— **por quincenas adelantadas**, to pay two weeks in advance.

Pedir, to ask (for), beg, request; —— **la palabra**, to ask for the floor.

Perder, to lose, spoil, ruin; —— **cuidado**, not to worry; —— **de vista**, to lose sight of; **echar a ——**, to spoil.

Poder, to be able, be possible, may, can; **a más no ——**, to the utmost; **a —— de**, by force of; **en —— de**, in the power of; **no —— más**, to be exhausted; **no puedo menos de decir**, I can't help saying; **se puede**, one may, it may be.

Poner, to put, place, lay, set, bet; —— **atención**, to pay attention; —— **en fuga**, to put to flight; —— **en libertad**, to set free; —— **en limpio**, to copy; —— **en obra**, to put into practice; —— **por caso**, to assume, take as an example; —— **un telegrama**, to telegraph; ——**se**, to put on, become, get; ——**se a**, to commence to, start to; ——**se colorado**, to blush, flush; ——**se en marcha (camino)**, to start, set forth; —— **a tierra**, to put ashore.

Querer, to wish, want, desire; —— **a**, to love; —— **decir**, to mean; **sin ——**, unintentionally; **quisiera**, I should like.

Rezar, to pray, read prayers, announce; to read (*intransitive*), say; —— **con**, to concern.

Saber, to know, know how to, can, be familiar with, find out; *m.*, knowledge; —— **a**, to savour, taste of; **a ——**, to wit, that is; **hacer ——**, to make known, communicate; **que yo sepa**, so far as I know.

Salir, to go out, get out, leave, rise; —— **a su encuentro**, to go to meet one; —— **bien en un examen**, to pass an examination; ——**se con la suya**, to accomplish one's end; to have one's way.

Sentir, to feel, hear, regret, be sorry for; ——**se**, to feel;

―― **en el alma,** to regret deeply.

Ser, to be, exist, belong to; ―― **de,** to become of; ―― **de edad,** to be of age; ―― **del caso,** to be relevant; ―― **del parecer,** to be of the opinion.

Tener, to have, hold, keep; ―― **cinco años,** to be five years old; ―― **cuidado,** to be careful; ―― **en cuenta,** to bear in mind, note; ―― **fama de,** to have the reputation of; ―― **frío,** to be cold; ―― **ganas de,** to desire; ―― **hambre,** to be hungry; ―― **la bondad de,** to be good enough to; ―― **la culpa,** to be to blame; ―― **lugar,** to take place; ―― **miedo,** to be afraid; ―― **por,** to consider as, judge; ―― **presente,** to bear in mind; ―― **que,** to have to, be obliged to; ―― **sed,** to be thirsty; ―― **sueño,** to be sleepy; ―― **vergüenza,** to be ashamed; ¿**qué tiene Vd.?** what is the matter with you?

Traducir, to translate.

Traer, to bring, carry; ―― **arrastrado,** to bore; ―― **consigo,** to bring or carry along with oneself; ―― **en bocas,** to slander.

Valer, to be worth, serve, avail, produce, be worthy; ―― **la pena de,** to be worth while, worth the trouble to; **más vale,** it is better, it would be better; ¡**válgame Dios!** good Heavens! Heaven bless me!

Vencer, to vanquish, conquer, overcome, defeat, surpass, become due, mature; **darse por vencido,** to surrender, give up; ―― **una dificultad,** to overcome an obstacle.

Venir, to come, to fit; ―― **a las manos,** to come to blows; ―― **a menos,** to decay, decline; ―― **a su encuentro,** to come to meet one; ―― **se al suelo,** to fall to the ground, collapse; ―― **bien,** to become, suit, fit.

Ver, to see; ――**se,** to be, to find oneself in a situation; **eso no tiene nada que ver con esto,** that has nothing to do with this; **no** ―― **la hora de,** to be anxious to; **ya se ve,** it is evident, of course; **allá veremos,** we shall see about that.

Volver, to return, turn; ―― **a** + *inf.,* to do again the act of the *inf.*; ―― **la espalda,** to turn one's back; ―― **sobre sus pasos,** to retrace one's steps; ――**se,** to become, turn around; ――**se loco,** to become deranged, insane.

Date Due